穿行诗与思的边界

Palliativgesellschaft
Schmerz heute

Byung-Chul Han

妥协社会

今 日 之 痛

[德]韩炳哲 著
吴琼 译 毛竹 校

中信出版集团|北京

图书在版编目（CIP）数据

妥协社会：今日之痛 /（德）韩炳哲著；吴琼译. -- 北京：中信出版社，2023.1（2024.1 重印）
ISBN 978-7-5217-4865-9

Ⅰ.①妥… Ⅱ.①韩…②吴… Ⅲ.①社会哲学－通俗读物 Ⅳ.① B0-49

中国版本图书馆 CIP 数据核字（2022）第 196954 号

Palliativgesellschaft: Schmerz heute by Byung-Chul Han
© MSB Matthes & Seitz Berlin Verlagsgesellschaft mbH, Berlin.
Simplified Chinese translation copyright © 2023 by CITIC Press Corporation
ALL RIGHTS RESERVED
本书仅限中国大陆地区发行销售

妥协社会：今日之痛

著者：［德］韩炳哲
译者：吴琼
校者：毛竹
出版发行：中信出版集团股份有限公司
（北京市朝阳区东三环北路 27 号嘉铭中心　邮编　100020）
承印者：嘉业印刷（天津）有限公司

开本：787mm×1092mm 1/32　　印张：3.25　字数：62 千字
版次：2023 年 1 月第 1 版　　　　印次：2024 年 1 月第 4 次印刷
京权图字：01-2022-6152　　　　　书号：ISBN 978-7-5217-4865-9
定价：56.00 元

版权所有·侵权必究
如有印刷、装订问题，本公司负责调换。
服务热线：400-600-8099
投稿邮箱：author@citicpub.com

在所有身体感受中,唯痛苦像一条可以通航且永不干涸的河流,将人类带向大海。无论人们在何处耽迷,快乐都不过是一条死胡同。

——瓦尔特·本雅明

目 录

痛苦恐惧症　　　1

幸福强制　　　9

生　存　　17

痛苦之无意义　　　23

痛苦之狡计　　　31

痛苦之为真理　　　37

痛苦之诗学　　　41

痛苦之辩证法　　　47

痛苦之存在论　　　53

痛苦之伦理学　　63

最后之人　　69

注　释　　77

附录　韩炳哲著作年谱　　87

痛苦恐惧症

Algophobie

"告诉我你和痛苦的关系,我就会说出你是谁!"[1]恩斯特·云格尔(Ernst Jünger)这句话完全适用于整个社会。我们与痛苦[1]的关系透露出我们生活在一个怎样的社会。痛苦即密码,它藏有解读当时社会的关键信息。因此,所有社会批判都必须完成对痛苦的一种诠释。如果仅将痛苦归于医学领域,那我们就错失其象征意义了。

如今,随处可见一种痛苦恐惧症,一种普遍的对痛苦的恐惧。人们对痛苦的忍受度也在迅速下降。痛苦恐惧症导致一种长效麻醉。人们对所有痛苦状况避之不及,甚至连爱情的痛苦也渐渐变得可疑起来。这种痛苦恐惧症也蔓延至社会

---

[1] 德语 Schmerz,既指肉体上的"疼痛",也指精神上的"痛苦",本书根据语境不同而采取不同的译法。(本书脚注均为译者注)

性事物。冲突和分歧越来越没有立足之地，因为它们很可能导致令人痛苦的争论。痛苦恐惧症也席卷政治领域。一致之强制和共识之压力与日俱增。政治安守在一个妥协[1]区域，失去一切生机与活力。别无选择成为一剂政治止痛药。弥漫的中庸之气治标而不治本。人们不再争辩，不再奋力寻求更好的理据，而屈服于制度强制。一种后民主蔓延开来，这是一种妥协的民主。因此，英国政治哲学家尚塔尔·墨菲（Chantal Mouffe）呼唤一种"激进的政治"（agonistische Politik），一种不畏惧令人痛苦之争论的政治。[2] 妥协的民主无力锐意改革、实现愿景，这些都可能引发痛苦。它宁愿选择短期有效的止痛药，掩盖掉系统性机能障碍与扭曲。这样的政治没有直面痛苦的勇气。如此一来，同者（das Gleiche）便大行其道了。

如今的痛苦恐惧症基于一种范式转变。我们生活在一个试图消除一切否定性的肯定社会。痛苦之否定性却不容置疑。然而，就连心理学也附和这一范式转变，从"苦难心理学"这种消极的心理学，转向研究健康、幸福与乐观主

---

1 德语 palliativ，源自晚期拉丁语 *palliare*，意为"用大衣覆盖"，多用于医学领域，意为"缓解疼痛的"或"治标不治本的"，又译"姑息""缓和"。

义的"积极心理学"。[3]负面的想法是要避免的,它们必须即刻被正面的想法取代。这种积极心理学甚至让痛苦也臣服于绩效逻辑。新自由主义思想极具复原力,它从创伤经验中为绩效升级制造催化剂。人们甚至谈及"后创伤性增长"。[4]这种复原力训练是一种心灵上的力量训练,企图将人类塑造成对痛苦极不敏感的、永远感到幸福的功绩主体。

积极心理学的幸福使命与承诺用药物创造永乐之地,二者亲如手足。美国的阿片类药物危机就是一个典型的例子,牵涉其中的绝不仅仅是制药企业物质上的贪婪而已,它更多地是基于一种十分危险的对于人类存在的看法。单凭追求永远健康的意识形态就能导致将原本用于镇痛的药物大量应用于健康人群。美国疼痛学专家大卫·莫里斯(David B. Morris)早在几十年前便洞察此事,这绝非偶然:"如今的美国人或许是地球上第一代将一种无痛的存在奉为金科玉律的人。疼痛即丑闻。"[5]

妥协社会与功绩社会相伴而生。痛苦被看作虚弱的象征,它是要被掩盖或优化的东西,无法与功绩和谐共存。苦难的被动性在"能"(Können)所支配的主动社会中没有立足之地。如今,痛苦被剥夺了所有表达的机会,它被判缄默。妥协社会不允许人们化痛苦为激情，诉痛苦于语言。

此外，妥协社会也是一个点赞的社会。它沉溺于讨喜的妄想中。一切都被磨光、理平，直至称心如意。赞是表征，是针对当下的止痛药。它不仅掌控社交媒体，也席卷所有文化领域。任何事物都不该带来痛苦。不仅艺术，就连生活本身也要够得上在Instagram晒一晒的标准，去除可能引发痛苦的边缘和棱角、冲突与矛盾。人们忘记了，痛苦有清洁之能、净化之功。讨喜文化则缺少净化的可能。在讨喜文化的表面下积聚着肯定性之渣滓，人们在这些渣滓中窒息而死。

一篇针对现当代艺术品拍卖的评论这样说道："很显然，无论莫奈还是杰夫·昆斯（Jeff Koons），无论莫迪利亚尼（Modigliani）那些大受欢迎的裸女卧像、毕加索的女性画像，还是罗斯科（Rothko）匠心独运的色域作品，甚至那些卖出天价的超精修复版伪达·芬奇圣杯，都必须第一眼看上去即出自一位（男性）艺术家之手，且媚俗讨喜以至于平庸乏味。后来，至少有一位女性艺术家也跻身此列：路易丝·布尔乔亚（Louise Bourgeois）创下巨型雕塑作品的拍卖纪录。她创作的《蜘蛛》（20世纪90年代版本）售价3200万美元。然而，就算巨型蜘蛛也少了些危险的意味，仅仅是非同寻常的装饰而已。"[6]艾未未甚至把道德包装一番，以期获赞。道德与讨喜一见如故，和谐共生。异见（Dissidenz）堕落为设计（Design）。与之相反，杰夫·昆斯展现的是一种无道德内涵的、纯装饰性的点赞艺术。正如他自己强调的那样，面对他的艺术，唯一有意义的反应就是一声"哇哦"。[7]

如今，人们倾尽全力把艺术硬塞进名为点赞的紧身衣里。这种对艺术的麻醉连古代巨匠都不放过。有人甚至强行将它们与时装设计联系在一起："展出精选的肖像画作时，旁边还播放着一段视频，用来演示当代设计师设计的服装在色彩上可以多么契合古代油画，比如老卢卡斯·克拉纳赫（Lucas Cranach der Ältere）或彼得·保罗·鲁本斯（Peter Paul Rubens）的作品。当然，展出方还不忘指出，古时候的肖像画就是如今自拍照的雏形。"[8]

讨喜文化的成因多种多样。首先，它源自文化的经济化和商品化。文化产品越来越陷入消费强制之中。它们必须具备可消费的形式，即讨人喜欢的形式。文化的经济化与经济的文化化相伴而行。消费品被赋予文化剩余价值，向消费者承诺文化与美学体验。因而，样式便重于使用价值。消费领域挤压文化领域，消费品呈现出艺术品的姿态。如此一来，艺术领域与消费领域便混为一谈。这就导致现在的艺术利用消费美学，从而变得讨喜。文化的经济化与经济的文化化相辅相成。文化与商业之间、艺术与消费之间，以及艺术与广告之间的区隔被撕碎。艺术家自身不得不沦为品牌，以适应市场，讨人喜爱。经济的文化化亦波及生产领域。后工业的、非物质的生产掌握了艺术实践的形式。它必须有创造性。然而，这样的创造性只是经济策略罢了，它只允许百变不离其宗的同者存在，却无法通向全然他者。与裂隙（Bruch）相比，它缺乏能带给人痛苦的否定性。痛苦（Schmerz）与商业（Kommerz）彼此排斥。

当艺术领域尚遵从自己的逻辑行事，与消费领域泾渭分明之时，人们还不期待它能讨喜。艺术家们亦与商业保持着距离。那时人们还认同阿多诺的名言：艺术是"对世界的陌生化"[9]。按照这种逻辑，舒适艺术（Wohlfühlkunst）就是矛盾的。艺术须得使人诧异、扰人不安、惹人心乱，它要能令人感到痛苦才行。艺术在他处逗留，于陌生之中"在家"（zu Hause）。恰恰是这种陌生性，使艺术品身披光晕（Aura）。痛苦是一道裂隙，那是全然他者得以进来的地方。

正是全然他者的否定性使艺术有能力与主流秩序进行"反叙事"(Gegennarrativ),而讨喜则让同者大行其道。

阿多诺曾说,鸡皮疙瘩是"最初的美学画面"[10],它将他者的侵入表达出来。无法战栗的意识是被物化了的意识,它没有能力产生经验,因为经验"就其本质而言是一种痛苦,在这种痛苦中存在者本质性的他在(Anderssein)相对于惯常的东西而揭示出自身"[1][11]。拒绝一切痛苦的生命,也就是被物化了的生命。唯有"被他者触动之感"[12]才能使生命鲜活起来,否则它就会被囚禁于同质化的地狱中。

---

1 译文引自海德格尔:《巴门尼德》,朱清华译,商务印书馆,2018年,第242页。

幸福强制
Zwang zum Glück

痛苦是一种综合的文化形象,它在社会中的出现和意义也与统治形式息息相关。前现代的酷刑社会(Gesellschaft der Marter)与痛苦密切相关,它的权力空间里充斥着痛苦的嘶喊。痛苦被当作统治手段。阴森的节日庆典、残酷的刑罚仪式,以及那些夸张的痛苦表演,都使统治更加稳固。受刑的身体即王者的权杖。

当酷刑社会向规训社会(Disziplinargesellschaft)过渡,社会与痛苦的关系也悄然改变。福柯在《规训与惩罚》[1]一书中指出,规训社会利用痛苦的形式更为审慎,要对其进行

---

1 法文版《规训与惩罚》(*Surveiller et punir*)出版于1975年,书名直译为"监视与惩罚",德文版亦然。1977年,该书英文版面世,名为 *Discipline and Punish*,即"规训与惩罚",中译名由此而来。

严格的考量："不再是直接的体罚，施加痛苦的技艺中呈现一定程度的审慎，一场更为细腻、更无声无息、也更低调的关于痛苦的游戏……；短短几十年间，那受尽酷刑折磨，被肢解、被残害，或脸庞或肩膀烙痕斑斑，或活着示众或死后暴尸，引得众人围观的躯体已然消失，将身体作为刑罚主要对象的做法不复存在。"[13]受刑的身体不再适合以工业生产为目的的规训社会。规训权力将好学的身躯打造成生产工具。痛苦也被融入规训术中。统治者继续维持着与痛苦的关系，借助痛苦这一手段，将戒律与禁令刻入顺从者的脑海，钉进他们的身躯。在规训社会中，痛苦依然扮演着一个重要角色，它把人类当成生产工具来塑造。只不过，痛苦不再被公开展示，而是退入监狱、军营、疗养院、工厂或学校等封闭的规训场所。

从根本上说，规训社会与痛苦的关系还是很正向的。云格尔称规训为"人类与痛苦保持联系的形式"[14]。他所说的劳动者（Arbeiter）恰恰是规训的形象，在痛苦中锤炼自己。"不断努力和它（痛苦）保持接触的"英雄式的生活，其目标就是"百炼成钢"。[15]"受到规训的面孔"是"封闭的"，目光聚焦在一个固定的点上，而敏感的人所拥有的

"精致脸庞"则"紧张、游移、多变",任由自己经受"各种各样的影响和刺激"。[16]

痛苦是英雄主义世界观必不可少的元素。阿尔多·巴拉柴斯基(Aldo Palazzeschi)在题为《对抗痛苦》(*Der Gegenschmerz*)的未来主义宣言中称:"越能苦中寻乐的人,就越深刻。一个人如果未曾深入人类的痛苦,也就无法从内心最深处笑出声来。"[17]英雄主义世界观要求人们将生命武装起来,以备随时遭遇痛苦。作为痛苦之战场,身体必须服从更高的秩序:"当然,这一过程是以一个制高点为前提,它将身体当作前哨,人类可以远程将其投入战斗、做出牺牲。"[18]

云格尔将英雄式的规训与市民式的敏感(Empfindsamkeit,或"感伤")对立起来。市民的身体不是前哨,不是实现更高目的的工具,相反,他们敏感的身体本身就是一个目的。它失去了那种让痛苦作为有意义之物而现相的意义视域:"现代敏感性之神秘在于,它契合这样一个身体等同于价值的世界。这一发现解释了这个世界与痛苦的关系,即把痛苦视为无论如何都要避免的力量,因为在这里,痛苦所遭遇的不是作为前哨的身体,而是作为主力军、作为生命本质核心的身体。"[19]

在后工业、后英雄时代，身体既非前哨，也非生产工具。与受到规训的身体相反，享乐型身体逐渐呈现出一种拒绝痛苦的姿态。它与更高的目的毫无关联，它自我欣赏、自我享受。对它来说，痛苦显得毫无意义、毫无用处。

如今的功绩主体与规训主体有着根本的区别，它也不是云格尔意义上的劳动者。在新自由主义的功绩社会中，戒律、禁令或惩罚等否定性让位于动机、自我完善或自我实现等肯定性。规训场所被舒适区取代。痛苦失去了与权力及统治的一切关联。它被去政治化，成了医疗事件。

"你要过得幸福"是新的统治公式。幸福之肯定性取代痛苦之否定性。作为积极的情感资本，幸福必须带来强大的功绩能力才行。自我激励与自我完善使新自由主义的幸福预期（Glücksdispositiv）十分高效，因为统治者无须大费周章就能应对自如。被征服者本身甚至对被征服一无所觉，误以为自己身处自由之中。他无须任何外来的胁迫，便在自我实现的信仰中，自愿地对自己进行极致剥削。自由并没有被镇压，而是被剥削殆尽。"你要自由"（Sei frei）比"你要顺从"（Sei gehorsam）更具毁灭性，它产生一种强制。

在新自由主义政体中，权力也具备了一种肯定形式，它变得智能了。与压制型的规训权力相反,智能型权力不会给人以痛感。权力与痛苦完全脱钩。无须任何压制行为,它也能应对自如。征服以自我完善和自我实现的面貌现身。智能型权力的运作方式是引诱的、放纵的。它表现为自由,因而比压制型的规训权力更不容易被看见。监视也具备了一种智慧的形式。我们始终被要求告知自己的需求、愿望与偏好,并讲述我们的生活。全交际(Totalkommunikation)与全监视(Totalüberwachung)、色情裸露与全景监视合而为一。自由与监视难分彼此。

新自由主义的幸福预期强制我们进行内心的反省,从而使我们忽略现存的统治关系。它导致每个人只关注自己的内心,而不去对社会关系进行批判性的探究。有一些苦难本该是社会的责任,却被私人化、心理化了。有待改善的不是社会状态,反而是心理状态。要求人们优化心灵,实际上是迫使人们去适应统治关系,这种要求掩盖了社会的弊端。如此一来,积极心理学便证实了革命的终结。登上舞台的并非革命者,而是动机训练师,他们致力于消除不满,或消除愤怒:"20世纪20年代的大萧条前夕,社会矛盾极其尖锐,很多工人代表和激进的行动主义者(Aktivist)痛斥富人的奢靡和穷人的贫苦。然而，时至21世纪，却有另外一群理论家在散播完全相反的东西——在我们这个贫富悬殊的社会里，一切都会很好，而且对于所有为之努力的人来说，还会更好。激励者和其他积极思想的代言人有一则好消息给那些由于劳动力市场的不断变革而面临破产的人：欢迎每一个改变吧，把它们视为机会，就算它们令人害怕。"[20]

坚决与痛苦做斗争的决心，也使人忘记了痛苦是社会传递的。它反映了社会经济的扭曲，而这些扭曲在精神和身体上都留下了痕迹。泛滥的止痛药处方掩盖了引发痛苦的社会关系。将痛苦限定在医学、药理学领域，阻碍了它成为语言，成为批判。它去除了痛苦的客观属性，或说社会属性。通过药物或媒介诱导出的钝化（Abstumpfung），使妥协社会对批判免疫。社交媒体和电子游戏的作用也如同麻醉剂。这种社会性的长效麻醉阻碍了认知和反思，压制了真理。阿多诺在《否定的辩证法》中写道："那种生动地表达苦难之需求，是一切真理的条件。因为苦难是在主体身上施压的客观性，它所经验到的最主观的东西是客观传达的。"[21]

幸福预期将人类孤立开来，并导致社会的去政治化（Entpolitisierung）和去团结化（Entsolidarisierung）。每个人都要独自为幸福而奋斗，它成为一件私事。受苦也被解读为自己的失败。如此一来，便不再有革命，取而代之的是抑郁。我们在胡乱医治自己灵魂的同时，却对那些导致社会扭曲的社会关联视而不见。被恐惧与不安折磨时，我们没有归咎于社会，而是归咎于自己。然而，革命若要发酵，需要的是人们共同感受到的痛苦，新自由主义的幸福预期却将其扼杀在摇篮之中。妥协社会将痛苦医学化、私人化，以达到去政治化的目的。慢性疼痛可以被解读为倦怠社会的病理现象，这种痛苦不会引发任何抗议。在新自由主义的功绩社会中，只要倦怠的呈现方式是"我—倦怠"（Ich-Müdigkeit），那么它就是非政治性的，是过劳而又自恋的功绩主体的一种病症。它将人类孤立开来，而不是联结成"我们"。它区别于能创建共同体的"我们—倦怠"（Wir-Müdigkeit）。"我—倦怠"是预防革命的最佳方式。

新自由主义的幸福预期物化了幸福。幸福绝不仅仅是众多能带来更高绩效的积极情感之总和，它对优化逻辑避之不及，不可用性（Unverfügbarkeit）是其特征。幸福中蕴含着否定性，真正的幸福绝不可能是完美无缺的。使幸福免于被物化的恰恰是痛苦。痛苦承载着幸福，使幸福长久。"痛并快乐着"并非矛盾的修辞。任何强烈的情感都是痛苦的。激情连接痛苦与幸福。强烈的幸福中也包含着痛苦的瞬间。正如尼采所说,痛苦与幸福是"一对孪生兄弟,彼此一起长大,或者……彼此一起——长不大"[22]。如果痛苦被抑制,那么幸福也会变得乏善可陈,成为一种沉闷的舒适状态。不接受痛苦的人,也拒极度的幸福于千里之外:"各种各样的苦难如雪片般纷纷向人袭来,永不停歇,又如一道道痛之闪电加诸其身。唯有始终从四面八方直至内心最深处都向痛苦敞开自身,才能迎接那至美、至高的幸福……"[23]

生　存

Überleben

病毒是我们这个社会的一面镜子，它揭示出我们生活在一个怎样的社会。如今，人们将生存绝对化了，仿佛我们正处于持续的战争状态。生命的所有力量都被用来延伸它的长度。妥协社会是一个生存社会。面对大流行病，为求生存的激烈斗争在病毒的刺激下逐步升级。病毒侵入妥协的舒适区，并将其变为隔离场所，生命（Leben）在这里完全僵化为生存（Überleben）。生命越像生存，人们就越畏死。"痛苦恐惧症"的尽头是"死亡恐惧症"。大流行病使我们曾费尽心机要驱散、要抹除的死亡再次触目可及。大众媒体对死亡的过度曝光，使人们格外焦虑。

生存社会完全失去了对美好生活的感受。健康被拔高为目的本身，为了这一目的，人们甚至牺牲了享受（Genuss，或"嗜好")。比如严苛的禁烟令,便证实了一种生存癔症(Hysterie des Überlebens)的存在。在生存面前,享受也不得不让步。在全世界范围内,不惜一切代价延长生命上升为超越一切价值的最高价值。为了生存,我们心甘情愿牺牲一切使生命变得有价值的东西。面对大流行病,人们也默默接受了对基本权利的极端限制。我们毫无抵抗地顺服于紧急状态,它将生命还原为"赤裸的生命"。在由病毒引起的紧急状态下,我们自愿将自己隔离起来。隔离区是营房的病毒化变体,在这里,赤裸的生命统治一切。[24]新自由主义的劳改营在大流行病期间被叫作家庭办公室(Homeoffice),它与专制政权的劳改营唯一的区别就在于健康意识形态和自我剥削那似是而非的一点自由。

大流行病之下,生存社会甚至在复活节期间也禁止礼拜。神职人员也要注意"保持社交距离"并佩戴口罩。他们完全将信仰牺牲给了生存。矛盾的是,睦邻之爱的表现方式竟然是保持距离,邻人被看作潜在的病毒携带者。病毒学剥夺了神学的权力,病毒学家获得了绝对的解释权,所有人都听他们的话。"复活"的叙事完全让位于健康与生存的意识形态。在病毒面前,信仰沦为闹剧,被重症监护室和呼吸机所取代。人们每天都在统计死亡人数,生命已完全被死亡掌控,它将生命抽空为生存。

生存癔症使生命变得极其短暂,它被缩减为一个待优化的生物学过程,失去了所有形而上的维度。自我跟踪(Self-Tracking)升级为一种狂热崇拜。数字化疑心病,运用健康及健身Apps长期进行自我测量,使生命降格为一种功能。它被剥夺了所有能创造意义的叙事,它不再是可讲述的,而是可测量、可计数的。生命变得赤裸,或说淫秽。没什么能承诺永远。同样黯淡无光的还包括所有的象征、叙事或者仪式,它们原本可以使生命比单纯的生存更为丰盈。祖先崇拜等文化习俗甚至能赋予死者生命力。生与死在一种象征性的交流中彼此联系。由于那些能安放生命的文化习俗已经从我们身边消失,生存癔症便占据了统治地位。如今,死对我们来说尤为困难,因为我们再也不可能有意义地结束生命,它的终结总是不合时宜。不能在对的时间死去的人,势必会在错的时间死去。我们未老而先衰。

资本主义缺乏对美好生活的叙事,它将生存绝对化了。这种无意识的信仰更多地是关于资本,而非死亡;它助长了资本主义。资本积累是为了对抗死亡,它被想象为生存的能力。[25] 因为生命时间（Lebenszeit）有限，人们便积累着资本时间（Kapitalzeit）。大流行病虽然令资本主义措手不及，但却并没有消除资本主义，从中没能发展出对抗资本主义的反叙事，因而也不会发生什么病毒革命。资本主义的生产并没有减速，它只是被迫暂停而已。到处都是使人焦虑的停工停产状态。隔离所带来的不是浮生一日闲，而是迫不得已的无所事事，它并非栖息之地。并不是说在大流行病之下，健康就优先于经济了，整个增长经济、绩效经济本身就是为了生存。

为求生存的战斗必须用对美好生活的"操心"（Sorge）来对抗。被生存癔症控制的社会是一个僵尸社会。对于死来说我们太生机勃勃，而对于生来说我们又太死气沉沉。当我们的关注点仅为生存，那我们与病毒这种不死之物无异，同样只为繁衍，或说只为生存，不为生命。

妥协社会是一个肯定社会，无限的放任是它的标志，多样性、社区性和共享性是它的标语。人们把他者视为敌人，让其消失。在没有他者之免疫抵抗的地方，信息与资本的循环才如愿达到速度峰值。如此一来，"过渡"（Übergang）被踏平为"通道"（Durchgang），边界被消除，门槛被拆毁，来自他者的免疫防御也就被极度削弱了。

如同冷战时期一样,以免疫理念建立起来的社会被栅栏和城墙包围。整个空间由多个彼此独立的街区构成。起免疫作用的障碍物使商品与资本的流通十分缓慢。冷战结束后,全球化开始盛行。作为去免疫化过程,全球化将这些障碍物彻底拆除,以加速商品与资本流通。敌人的否定性虽然有免疫作用,却与新自由主义功绩社会的法则格格不入。这里的战争主要是自己对自己发动,外来剥削让位于自我剥削。

目前,病毒引发了一场免疫危机,它侵入在免疫方面已大为削弱的放任型社会,并使其陷入一种休克强直状态。惊慌失措中,人们再度关闭边境。空间彼此隔绝,出行和接触极度受限,整个社会被调回到免疫防御模式。在这里,我们面对的是敌人的回归。我们正在与看不见的敌人——病毒交战。

大流行病的行事作风与恐怖主义相似,都是将赤裸的死亡直接抛于赤裸的生命面前,并由此引发强烈的免疫反应。在机场,每个人都被当作潜在的恐怖分子对待。我们毫不抵抗,默默忍受着颇有些侮辱性的安保措施。我们容许别人在身上探测,检查是否暗藏武器。病毒是无形的恐怖。每个人都被怀疑为潜在的病毒携带者,这将制造出一个隔离社会,并导致一种生命政治意义上的监视政权。大流行病让我们无从期待其他的生活方式。在这场与病毒的战争中,生命从未像现在这样仅为生存。生存癔症在病毒的作用下愈演愈烈。

痛苦之无意义
Sinnlosigkeit des Schmerzes

当代人的痛苦经验有一个主要标志,即认为痛苦毫无意义。能在我们面对痛苦时给予我们支撑与方向的意义关联不复存在。我们完全失去了忍受痛苦的技能。将痛苦限定在医学、药理学领域,摧毁了"克服痛苦的文化程序"[26]。如今,痛苦成了要用止痛药来战胜的毫无意义的疾病。作为单纯的身体上的折磨,它完全脱离了象征秩序(symbolische Ordnung)。

保尔·瓦雷里(Paul Valéry)笔下的泰斯特先生(Monsieur Teste)代表了敏感的现代市民,他们将痛苦经验为毫无意义的、纯粹的身体折磨。基督教的叙事曾是神圣的麻醉剂和兴奋剂,如今,它已经彻底离开了痛苦:"痛苦无意义。"[27] 瓦雷里以此将一种让人无法承受的念头付诸语言,这念头如上帝之死一般沉重。人类失去了叙事的防护空间，从而失去了以象征的方式缓解痛苦的可能性。没有任何防护，我们任由空洞、失语、赤裸的身体摆布："这个简洁的句子标志着一段发展历程的历史终点，在这段发展历程中，人们将痛苦从其传统的文化编码中剥离。痛苦首次显现出对'意义'的抵抗力……若非……大刀阔斧的删减，无以成就这样凝练的句子。19世纪的生理学家和解剖学家看上去似乎将基督教的语义彻底从文化体中去除了……瓦雷里的话与尼采的名言'上帝已死'异曲同工。伴随这样的句子，我们感到宇宙之冰冷沁骨入髓。"[28]

对于泰斯特先生来说，痛苦是无法讲述的。它摧毁了语言。痛苦现身之处，句子便被打断。只有省略号指引人们注意痛苦的存在："'……啊！'他很痛苦。他说：'我……没什么特别的事儿，我只是……您稍等……我在数沙粒……然后，只要我看见它们……不断加剧的痛苦逼着我去观察它。我想着它！——我只等着自己能喊出来……一旦喊出来——这个东西，这个可怕的东西就会越来越小，直至从我内心的视野中消失……'"[29]

面对痛苦，泰斯特先生默不作声。痛苦剥夺了他的语言，摧毁了他的世界，并将他困在一副沉默的躯体中。基督教的神秘教徒"阿维拉的特蕾莎"（Teresa von Avila，1515—1582）[1]是一个可以与泰斯特先生对立的形象。在她身上，痛苦非常善于辞令，"讲述"以痛苦为开端。基督教的叙事，化痛苦为语言，并将她的身体转变成一座舞台。痛苦加深了她与上帝的关系，制造了一种亲密、一种强度，甚至带有情欲意味。一种神圣的情欲使痛感翻转为快感："我看见面前的天使手握一支金色长箭，金属箭头上貌似带着一小簇火焰。我感觉天使用长箭反复刺穿我的心脏，直刺入最深处，当他再次拔箭时，仿佛将我心最深处的一部分也一起抽离。当天使离我而去，我周身燃起对上帝的爱恋之火。伤口如此疼，以至于榨干我痛苦的喘息；然而，这巨大的痛楚所引发的快乐也如此热烈，以至于我不舍得请求痛苦放过我，除了上帝之外，我无法再用其他来满足自己。虽然肉体也极大程度地参与其中，但这种痛苦却不是身体上的，而是精神上的。"[30]

根据弗洛伊德的说法，痛苦是一种症状，表明一个人的

---

[1] 西班牙神秘学家，又称"圣女特蕾莎"或"大德兰"，1970年被教宗圣保罗六世追授为"教会圣师"，是首位获此称号的女性。

故事有阻碍，不够流畅。因为这处阻碍，病人无法将故事继续下去。精神性的痛苦表达了隐藏的、压抑的言辞。词汇变成了真实存在之物。治疗方法是将病人从语言禁锢中解放出来，让他的故事再度流淌起来。泰斯特先生的痛苦是一个"物"，一个"可怖之物"。它避开所有的叙事，没有过去也没有未来，它固守在身体默然的现在："当痛苦突然来袭，它并没有使过去明亮起来：它照亮的只是当下某些身体区域，引发局部的回响……如此一来，它便将意识缩减到一个短暂的现在，一个被剥夺了未来视野的、狭窄的瞬间……此处是我们距离故事最为遥远的地方……"[31]

如今，痛苦被物化为一种纯粹的身体上的折磨。我们不能片面地将痛苦之无意义理解为一种解放行动，把痛苦从神学强制中解放出来。相反，它告诉我们，被缩减为一个生物学过程的生命，本身是多么空洞乏味。痛苦之有意义以叙事为前提，它将生命嵌入意义视域。无意义的痛苦只会发生在空洞、赤裸、不再讲述任何故事的生命中。

在《思想肖像》一书中，本雅明谈到那些治愈之手（heilende Hände）。它们不同寻常的动作给人一种印象，仿佛它们在讲述一个故事，并从讲述中生出一种治愈力："孩子病了，母亲让他到床上躺下，自己坐在他身边，然后开始给孩子讲故事。"[32] 本雅明认为，如果病人一开始就对医生倾诉心事，那么讲述本身就已经开启了疗愈的过程。本雅明思索的问题是："如果每一种疾病都能顺着讲述的河流漂得足够遥远，一直到达河口，那么它们是否就都是可以治愈的呢？"痛苦是一座堤坝，起初还挡得住讲述的河流。但是，当"河流的落差变得足够大，大到将途中遇到的一切都冲进幸福的遗忘之海"时，堤坝就被冲破了。母亲那只轻抚着病童的手，为讲述的河流开辟出一条河道。然而，痛苦也不单纯是一座拦河的堤坝。我们更可以说，让河水高涨的正是痛苦本身，以便让洪流把自己也一起带走。痛苦引发了讲述，唯其如此，痛苦才真正是"一条可以通航且永不干涸的河流，将人类带向大海"[33]。

如今，我们生活在一个后叙事时代，是"计数"（Zählung）而非"讲述"（Erzählung）规定着我们的生活。叙事是精神的能力，能克服身体的偶然性。因此，本雅明认为讲述有可能治愈所有疾病，这并非无稽之谈。萨满教巫师用来祛病止痛的神奇咒语，也具有讲述的意味。当精神隐退，肉身便独掌大权。无意义之痛苦来势汹汹，精神也只能承认自己的软弱无能:"泰斯特的问题'一个人能做什么'挑战的是人类能力的最上限。但是我们也要顾及它的最下限:如果敏感性'高于(针对上述问题的)所有答案',如果有机体身上不受控制的部分获得了过度的权力,那么人类的能力就会被其'痛苦潜力'排挤。无论浅薄还是深刻,瓦雷里一再发现的东西就是'门槛'(Schwelle),仍独自留在舞台上的身体伫立在这道门槛边,只留给精神一点灯光,而精神需要这一点微亮,才能认识到自己的一败涂地。"[34]

泰斯特先生预示了晚期现代人类的超敏感(hypersensibel),他们饱受无意义的痛苦。如今,精神宣布其无能为力的那道门槛正急速降低。作为一种叙事能力,精神自我瓦解了。恰恰在来自于外部环境的痛苦越来越少的现代,我们的痛觉神经却仿佛越来越敏感了,形成一种超敏感性(Hypersensibilität)。导致我们对痛苦极度敏感的正是痛苦恐惧症,它甚至能诱发痛苦。受到规训的身体要抵御很多来自外部的痛苦,其敏感度不是很高。它的特点是具有一种完全不同的意向性。它不太关注自身,而是更多着眼于外界。与此相反,我们的注意力则过多地集中在自己的身体上。像泰斯特先生一样,我们执迷于倾听自己的身体。这种自恋的、疑心病般的自省，大概也是导致超敏感的部分原因。

我们可以把安徒生童话《豌豆公主》作为晚期现代人类超敏感性的一个隐喻。床垫下的豌豆给未来的公主造成如此多的痛苦，让她彻夜难眠。如今的人们可能就患有"豌豆公主综合征"[35]。这种痛苦综合征的矛盾之处在于，痛因越来越少，而痛感越来越强。痛苦的程度无法客观确认，只能主观感受。"痛苦之无意义"伴随着日渐高涨的对医学的期待，让哪怕是很小的痛苦都显得难以忍受。我们不再拥有意义关联、叙事、更高的审查机构以及目的等有可能超越痛苦、让痛苦变得可以忍受的东西。如果豌豆消失了，人们就会开始抱怨床垫太软，让人受罪。其实，真正让人痛苦的恰恰是漫长而无意义的生命本身。

痛苦之狡计

List des Schmerzes

痛苦是不会消失的，它只会改变其表现形式。对云格尔来说，痛苦是我们无法抹杀的自然力（Elementarkraft）。云格尔将现代人类与《一千零一夜》中的航海家辛巴达做了比较。辛巴达和同伴们在一座小岛上逍遥地游荡，畅快地吃喝，而这座小岛实际上是一条大鱼的脊背。背上的火焰惹恼了大鱼，它深潜入水，辛巴达也被抛进海中。云格尔说，我们正置身于"漫游者的境地，在冰冻的湖面上跋涉，随着气温的变化，冰面开始瓦解成许多大大的冰块"[36]。痛苦便是从冰缝中透出幽光的自然元素。我们身处臆想的安全感中，这安全感来自于"人们为求一种平庸的舒适而将痛苦边缘化"[37]。人类为抵御自然力而修筑堤坝，但这堤坝每增高一分，威胁便也增大一分。

近年爆发的大流行病表明，为对抗自然力而筑起的堤坝随时可能倾塌。正如美国古生物学家安德鲁·H.诺尔（Andrew H. Knoll）所说，人类和其他动物都只是"进化的糖霜"（evolution's icing）而已。[38]真正的蛋糕则是由微生物构成的，它们随时要突破，或说随时要收复蛋糕表面脆弱的糖霜。将大鱼脊背当作安全岛的航海家辛巴达，大概就是前人留下的对人类之无知的隐喻吧。人类臆想自己身处安全之中，殊不知被自然力拽入深渊只是迟早的事。人类恰恰是在人类世比在以往任何时候都更容易受伤。人类对自然施以多大的暴力，自然都会报以更大力道的反击。

云格尔认为，痛苦是不能消除的。他还言及"痛苦经济"（Ökonomie des Schmerzes）。如果痛苦被抑制，它便会于暗处默默累积成一种"隐形的资本"，"利滚利，如雪球般越滚越大"[39]。仿照黑格尔的"理性之狡计"（List der Vernunft），云格尔提出"痛苦之狡计"。根据他的说法，痛苦绕过人工的屏障，以水滴状渗进生活，并填满生活："然而，痛苦对生活的索求再确定不过了。人们在哪里受苦受得少了，根据某种特定的经济法则，那里就会再度产生平衡，换个熟悉的说法，我们可以称它为'痛苦之狡计'，这世上就没有它实现不了的目的。如果你眼前是一片岁月静好,那你完全可以问一下,是谁、在哪里负重前行。通常人们不需要走出太远就能发现痛苦的踪迹,哪怕是正在享受安全感的个体,也并非完全离于痛苦。人为地阻断自然力固然能防止人们与之进行大致的接触,驱散其阴影,但却阻止不了痛苦随着散射的光线开始填满这个空间。容器隔绝了汹涌的水流,却被水滴缓缓填满。因此,无聊感其实不是别的,就是溶解在时间里的痛苦而已。"[40]

云格尔关于痛苦之狡计的假设并非完全不可想象。痛苦显然是不能从生活中消除的。它仿佛随处都在强调着自己对生活的索求,尽管医学取得了巨大的进步,但痛苦并没有因此而减少。就算仓库里的止痛药堆积成山,人们也无法战胜痛苦。用云格尔的话说,人们虽然驱散了阴影,但散射的光线还是填满了空间。痛苦以更稀薄的形式广泛散播。如今,慢性疼痛症的流行似乎印证了云格尔的观点。恰恰是在敌视痛苦的妥协社会,那缄默的,被边缘化的,长期处于无意义、无语言、无形式状态的痛苦却多了起来。

痛苦以形形色色的暴力为基础。比如镇压就是否定性之暴力,它是由他者来施行的。然而,暴力不仅来自他者,它也可以来自肯定性的泛滥,这种泛滥表现为过度绩效、过度交际,或者过度刺激。肯定性之暴力导致"压力疼痛",其痛因主要是精神紧张,而这正是新自由主义功绩社会的标志。它表现出自残动向。功绩主体对自己施行暴力,心甘情愿地进行自我剥削,直至崩溃。为了翻身做主人,或者说为了自由,奴隶从主人手中拿过皮鞭抽打自己。功绩主体对自己发动战争,由此产生的内在压力(Pression)使功绩主体陷入抑郁(Depression)。这些内在压力也引发慢性疼痛。

当今社会,人们的自残行为与日俱增。切割伤发展成一种全球性的流行病。自残自毁留下深深的伤口,伤口的图片在社交网络上流传。它们是代表痛苦的新形象,指明了我们的社会是一个被自恋统治的社会。在这个自恋社会里,人人都满载着自己,直至不能承受。切割伤是一种徒劳的尝试,尝试摆脱自我负担(Ego-Last),尝试从自我中、从毁灭性的内在压力中挣脱出来。这些代表痛苦的新形象,就是自拍照那血淋淋的背面。

德国生理学家维克多·冯·魏茨泽克(Viktor von Weizsäcker)如此描述疗愈的原初场景:"当小女孩看到自己的弟弟在忍受痛苦时,她本能地想到一个方法:她讨好般地伸出手,打算去轻抚他的痛处——就是这样,这位小小救护员第一次成了医生。她拥有对原初疗效的先觉而不自知;这种先觉将她的所思所想传递到手中,并引领她的手去触摸,从而发挥疗效。因为这正是她的弟弟想要的东西,这只手让他不再那么难受。被姐姐的手触碰的那种感受,进入到他与他的疼痛之间,而在这种全新的感受面前,疼痛便隐退了。"[41] 如今的我们距离疗愈的原初场景越来越远了。得到有治愈之效的关怀,比如感受到被触摸、被嘘寒问暖,这样的经验也越来越少了。我们生活在一个孤立和隔绝与日俱增的社会,自恋和自私又加剧了这种孤立。竞争在增加,团结和同情在减少,这些因素也进一步把人们隔绝开来。孤独感、缺乏亲密体验,无疑是痛苦的强化剂。也许跟那些自残自毁的伤口一样,慢性疼痛也是身体渴望关注和亲近,或者说渴望爱的呐喊,它生动地告诉人们,如今触摸已经很少发生了。显然,我们缺乏他者的治愈之手。再多的止痛药也替代不了疗愈的原初场景。

慢性疼痛的病因是多方面的。社会结构的扭曲、变形和痉挛,或引发或加剧了慢性疼痛。尤其是当今社会的空洞,使慢性疼痛变得愈加不可忍受。这些痛苦反映了我们的社会是如此之空洞,以及我们的时代是如此之缺乏故事性。在这里,生命已然变成了赤裸的生存。止痛药或心理学研究皆作用有限,它们只会让我们对痛苦的社会文化成因视而不见。

痛苦之为真理

Schmerz als Wahrheit

在《痛苦》一文中，维克多·冯·魏茨泽克称痛苦是"化为肉身的真理"或"真理的化身"。当分离带来痛苦时，就证明已有的关联是真实的。唯有真理会使人痛苦。一切真实的东西都是痛苦的。妥协社会是一个没有真理的社会，是一座同质化的地狱。生命秩序的架构只有在面对痛苦之阿里阿德涅线团时才会敞开。[42] 生命的秩序是痛苦的秩序。痛苦是检验真理的可靠标准，是"面对有生命者之现象时去伪存真的工具"[43]。只有当真正的归属关系受到威胁时，痛苦才会显现。失去了痛苦的我们是盲目的，是没有能力获得真理与洞见的人："当分离带来痛苦时，关联才是真实的、有血有肉的。一个人感受到痛苦时，他才是真实存在的，也才是真正爱过的——无论他是否意识到这一点。接下来让我们放眼世界架构：当存在者有能力感受痛苦，它才是真正被嵌入整个架构的一部分，不仅仅是一个机械的、空间上的'并在'（Nebeneinander），而是真正的、活生生的'共在'（Miteinander）。"[44] 没有痛苦的话，我们既没有爱过，也没有活过。生命被牺牲给了舒适的生存。唯有在活生生的关系（Beziehung）中，真实的"共在"才有能力感受痛苦。相反，了无生气的、纯功能性的"并在"感受不到痛苦，即使在土崩瓦解时。将生机勃勃的"共在"与死气沉沉的"并在"区分开来的，正是痛苦。

痛苦即关联。拒绝一切痛苦状态的人，是没有关联能力的。如今，人们回避会带来痛苦的高强度的关联。一切都发生在妥协的舒适区。阿兰·巴迪欧在《爱的多重奏》（*Lob der Liebe*，直译为"爱的颂歌"）一书中指出："爱而不受其苦是很容易的！"[45] 会带来痛苦的他者已经消失了。将他者物化为性爱对象的爱只是消费而已，它不会带来任何痛苦。这种爱与渴求他者的爱欲（Eros）是相对立的。

痛苦即区别。痛苦为生命发声。身体器官各自都有独特的"痛苦方言"（Schmerzdialekt），人们通过它们才能辨别不同的器官。痛苦标记界线，突出区别。失去了痛苦，无论是身体还是这个世界都会陷入"无差别"(In-Differenz)之中。痛苦的影响体现在哪里？针对这个问题，冯·魏茨泽克回答道："首先就体现在，通过痛苦我才知道，什么是我的，我所拥有的都是什么。我知道，我的脚趾、我的脚掌、我的大腿，以及我所驻足的大地，一直到我的头发，这一切都是属于我的；我还知道，一块骨头、一个肺、一颗心脏以及一根骨髓都在它们所在的地方，所有的一切都有其表达痛苦的语言，说着它们各自的'器官方言'(Organdialekt)。当然，我还可以通过别的途径得知我拥有这一切，但唯有痛苦教会我，它们之于我是多么珍贵，每个器官价值几何，而这一法则也以同样的方式，掌管着世界及世间万物之于我的价值。"[46] 对价值的重视以区别为基础，没有痛苦，价值就不可能受到重视。没有痛苦的世界是一座同质化的地狱，那里的基调是"漠不关心"(Gleichgültigkeit)，它导致了"不可比较之物"(das Unvergleichbare)的消失。

痛苦即真实（Wirklichkeit）。痛苦具有真实效应。在面临令人痛苦的抵抗时，我们最能感受到真实。妥协社会里的长效麻醉模糊了世界的真实。数字化也越来越削弱了抵抗，导致了相对（Gebenüber）、对立（Gegen），以及对抗体（Gegenkörper）的消失。不停的点赞导致一种钝化，使真实瓦解。数字化即麻醉。

在充斥着虚假新闻和深度伪造（Deepfakes，即AI换脸术）的后真相时代，产生了一种对真实的无动于衷（Wirklichkeitsapathie），或说对真实的麻醉。唯有带给人痛苦的"真实震荡"（Wirklichkeitsschock）有可能把我们从这种麻醉状态中解救出来。面对病毒时的惊慌失措，在某种程度上就源于这种震荡效应。病毒再造了真实，真实以病毒抗体的形式再度回归。

痛苦锐化了自我感知，它勾勒出"自己"（Selbst）的轮廓，描绘出"自己"的草稿。我们可以把日渐增多的自残行为理解成自恋、抑郁的"我"在绝望地尝试证实自己、感受自己。我痛故我在。就连"存在感"，我们也要归功于痛苦。如果把痛苦完全剔除，人们就会去寻找替代品。人为制造的痛苦便提供了一种补偿。极限运动和冒险行为都是证实自己存在的尝试。因此，妥协社会以非常矛盾的方式催生了极端主义者。失去了痛苦文化，便产生了野蛮行为："为了给麻醉社会中的人们一种活着的感觉，就必须有越来越强烈的刺激。唯有毒品、暴力和恐怖主义还有可能刺激到人们，使其获得自我体验。"[47]

痛苦之诗学

Poetik des Schmerzes

卡夫卡在给马克斯·布洛德（Max Brod）的一封信中写道，写作是他获得的"甜蜜而美妙的报偿"，代价是"被魔鬼折磨、摧残，甚至几被碾碎"。它是对无法承受之苦难的报偿。虽然也存在"阳光下"的写作，但卡夫卡自己却将写作归功于几乎摧毁其生活的"黑暗的暴力"。当恐惧使他辗转难眠，他便诉之于写作。如果没有写作，生命必定以发疯而告终。[48]

另一位从痛苦中汲取养分的作家是普鲁斯特。他从童年起就饱受病痛之苦，严重的哮喘折磨了他一生。在临近辞世的前几年，他在一封信中写道："尽管身体受尽痛苦折磨一事使我非常愤恨，尤其是最近几个月，这些病痛始终伴随着我的忧虑，躲也躲不掉，但我还是倚仗着它们，倚仗着我的痛苦，一想到它们有可能离我而去，我甚至觉得可恨。"痛苦指引着普鲁斯特手中的笔。他甚至从死亡那里夺取语言，或说夺取形式，让死亡服务于他的写作。如果没有痛苦，这种写作的激情是不可想象的："他英勇无畏地保持着清醒，直到生命的最后一刻都在分析自身的状况。他的作品已经到了校印阶段，这些笔记是为了让他的英雄贝戈特（Bergotte）[1]之死更加生动、更加真实，为了尝试将诗人最后还能知道之事，那些只有将死之人才知道之事，巨细靡遗地呈现出来。……他以这种方式给死亡迎面一击：这是艺术家最后的优美身姿，他通过窥探死亡的过程而战胜了对死亡的恐惧。"[49]

舒伯特也是一个"痛苦之人"（homo doloris）。《冬之旅》正是脱胎于痛苦。他晚期的作品都可以归功于梅毒带给他的那些难以承受之痛。他所接受的水银治疗纯属酷刑，随之而来的痛苦简直难以言说。他要口服水银，还要将水银涂满全身。病人必须全天候地待在加热至高温的房间里，甚至还不许洗澡。医生还嘱咐他要长距离散步。临终之际，他

---

[1] 普鲁斯特名著《追忆似水年华》中的人物，叙述者马塞尔的文学偶像。

还在病榻上校订《冬之旅》的样稿。他的作品都是歌颂爱与痛的。在早期散文《我的梦》中，舒伯特写道："我唱歌很多很多年了。当我想歌颂爱时，它就化作了痛，而当我再想歌颂痛时，它却又化作了爱。"[50]

美是痛苦的互补色。面对痛苦时，精神便幻想出美，它以疗愈来对抗损伤。美的表象缓解了精神的痛苦。痛苦使精神能够创造一个与现有世界相对应的、有疗愈之功的、宜居的"反世界"（Gegenwelt）。痛苦让一切在全新的、诱人的光芒下现相："理智试图抵抗痛苦，它的严阵以待使其目光所及之一切都在全新的光芒下闪耀：这些光芒的魅力无法言说，它通常都强大到可以顽强地抵抗所有自杀的引诱，让'活下去'成为受苦者的至高追求。"[51] 痛苦能激活想象力。对于尼采来说，艺术就是"深谙医道、救苦救难的仙女"[52]，用魔法驱散此在身上那些不可承受的、可怕的东西。

尼采也会把我们的社会称为妥协社会，其特征是生命感受的大幅衰退。生命被削弱为一种舒适的生存，健康被奉为新的女神。尼采会说，那种悲剧性，那种即使承受最极致的痛楚却仍然肯定着生命的悲剧性，从生命中消失了："纵欲狂欢的心理充满生命感与力量感，痛苦甚至还在其中起着兴奋剂的作用,这赋予我理解悲剧性情感的钥匙……"[1][53]

社会中普遍的麻醉化彻底抹杀了痛苦之诗学,麻醉驱散了痛苦之美学。在妥协社会中,我们全然忘记了如何讲述痛苦、歌颂痛苦;如何赋予它语言,将它转化为叙事;如何为它披上美丽的外衣,或者说用美的表象欺骗它。如今,痛苦已经完全脱离了美学想象,被剥夺了语言表达,从而成为单纯的医学问题。止痛药先发制人,将"讲述"与"想象"麻醉。长效麻醉导致精神上的钝化。在开始讲述之前,痛苦就已被抑制。在妥协社会中,它不再是可以通航的、能将人类带向大海的讲述之河流,而是一条死胡同。

法国作家米歇尔·布托尔(Michel Butor)洞察了一场文学危机。在他看来,文学不再有能力创造出新的语言:"十几二十年来,文学领域几乎一片荒芜,寸草不生。出版物如潮水般涌现,精神世界却一片死寂,其原因就是一场交际危机。全新的交际手段固然令人赞叹,但它们却制造出巨大的噪声。"[54]交际噪声让同质化的地狱得以延伸,它阻止了全然他物、全然不可比较之物,或说从未存在之物(nie

---

[1] 译文参照尼采:《偶像的黄昏》,卫茂平译,华东师范大学出版社,2007年,第189页。

Dagewesenes）的发生。同质化的地狱即为妥协的舒适区。人们将痛苦从这里驱逐，因为它阻碍了亟待加速的交际回路。同者相会之处，交际速度达到峰值，赞是它的加速剂。相反，痛苦则会起到反作用，它倾向于默不作声，这种倾向是容许全然他物发生的。

如今我们不愿让自己遭受痛苦，然而痛苦却是为新生事物和全然他者接生的助产士。痛苦之否定性使同者中断。在妥协社会这座同质化的地狱中，痛苦之语言、痛苦之诗学是不可能存在的，它只能容纳"快乐的散文"，也就是"阳光下的写作"。

痛苦之辩证法
Dialektik des Schmerzes

精神（Geist）即痛苦。唯有通过痛苦，精神才能获得新的洞见，获得更高形式的知识和意识。黑格尔曾说，精神的特征是拥有"在矛盾中，因而也是在痛苦中……保持自己"的能力。[55] 在精神成长的过程中，它会与自身陷入矛盾，即产生分裂。精神因这种分裂和矛盾而痛苦。然而，正是痛苦促使它成长。精神的成长以痛苦之否定性为前提，它发展为一种更高级的形式，从而战胜了使其痛苦的矛盾。在它辩证的成长过程中，痛苦堪称一部马达，它使精神发生转变。所有转变都离不开痛苦。没有痛苦，精神就是一成不变的。成长之路是一条"苦路"（*via dolorosa*）："他物、否定、矛盾、分裂因而是属于精神的本性的。在这种分裂中包含着痛苦的可能性。因此，痛苦并不是从外面到精神那里的，就像人们在提出痛苦是怎样来到世界中这个问题时,所曾想象的那样。"[1][56] 精神"只有在支离破碎中找到自身,才能赢得其真实性"[57]。精神的力量敞开自身,当它"直面否定的东西"并"在那里停留"。[58] 相反,"不去正视否定者的肯定者",会渐渐凋落成"死的存在"(das tote Sein)。唯有痛苦之否定性才能使精神保持活力。痛苦即生命。

没有痛苦,便不可能有与"曾在"(das Gewesene)彻底决裂的认识。深刻的经验(Erfahrung)也以痛苦之否定性为前提,它是一个痛苦的转变过程,它包含着忍受痛苦、经历风霜的时刻。这便是它与体验(Erlebnis)的区别,体验未能导致状态的变化。体验使人感到有趣,而非促成转变。唯有痛苦能引发彻底的改变。在妥协社会中,同者大行其道。我们踏遍千山,却未总结任何经验。我们纵览万物,却未形成任何认识。信息既未形成经验,也未形成认识,它们缺少转变之否定性。

痛苦之否定性是思想的根本。正是痛苦将思想与计算、与人工智能区分开来。智能(Intelligenz)的意思是从中选择

---

[1] 译文引自黑格尔:《精神哲学》,杨祖陶译,人民出版社,2006年,第20页。

(inter-legere),它是一种区分能力。因此,它没有脱离现存的东西,无法创造出全然他者。这正是智能与精神的区别。痛苦造就深刻的思想,而这世上却没有所谓深刻的计算。思想的深度在于何处?与计算正相反,思想带来一种全然不同的世界观,或者说另一个世界。唯有活着的、能够感知痛苦的生命才能思考。人工智能恰恰缺少这种生命:"我们既不是有思想的青蛙,又不是内脏冰冷的客观记录仪,而必须持续地从自己的痛苦中诞生出思想,像慈母一般倾其所有,以鲜血、心灵、热情、喜悦、激情、痛苦、良知、命运和灾祸给思想以哺育。"[1][59]人工智能只是一台计算机,它或许有学习的能力,也能深度学习,但却无法产生经验。唯有痛苦能将智能转化为精神,而算法是没有痛苦的。正如尼采所说,"只有巨痛",那"漫长而迟缓的、从容不迫的巨痛",才是"最终的思想解放者"。它"迫使我们哲学家潜入自己心灵的最深处,并且实施我们的一切信任、善良、掩饰、宽容、中庸——说不定以前的人性便是如此"[2][60]。

---

[1] 译文参照尼采:《快乐的科学》,黄明嘉译,华东师范大学出版社,2007年,第38页。

[2] 译文参照尼采:《快乐的科学》,黄明嘉译,第38~39页。

与痛苦不同，健康没有辩证法。将健康奉为最高价值的妥协社会被困于同质化的地狱，它缺乏转变的辩证力量。尼采眼中的健康是一种更高形式的健康，一种将疼痛也纳入其身的健康："至于我长年的重病，同我的健康相比，我要感谢它的难道不是更多？我感谢它给了我一种更高层次的健康，所有杀不死这种健康的都会使之变得更强大！我的哲学也要感谢它……"[1] [61] 尼采甚至将对所有价值的重估归因于痛苦。痛苦动摇了惯常的意义关联，强迫精神进行彻底的视角转换，让一切在全新的光芒下现相。与快乐相反，痛苦启动了反思过程，它为精神带来一种"卓越的辩证的清明"（dialektische Klarheit par excellence），它使精神视野更佳，它开启了一种全新的看问题的方法："精神上彻底的明亮和晴朗不仅能与我十分虚弱的身体和平共处，甚至还能与我极端的痛楚相安无事。——费力地呕吐出一些黏液，伴随着不间断的疼痛，在这些巨大的痛苦折磨中，我拥有着卓越的辩证的清明，仔细思考着那些我身体健康时不会去挑战、不够敏锐去思考之事。……它尽在我的掌握之中，我游刃有余地

---

[1] 译文参照尼采：《瓦格纳事件/尼采反瓦格纳》，卫茂平译，华东师范大学出版社，2007年，第152~153页。

转换着视角:这就是为什么我有机会对价值进行重估。"[62]

妥协社会对否定者避之不及,而非在其身边停留。对肯定者的执迷使同者不断被复制。这种"对整齐划一的坚持"正是基于痛苦恐惧症。"永远去创立,同时也必须永远去打破"与痛苦紧密相连。痛苦迫使创立者"觉得现存之事物是站不住脚的、失败的、值得否定的,甚至是丑陋的"[63]。因此,没有痛苦,就没有革命;没有奔向新事物的征程,也就没有历史。

痛苦之存在论

Ontologie des Schmerzes

痛苦在最不经意的地方给我们以治愈。

——马丁·海德格尔

可歌的残骸——那人
的身影,他经过时
无声无息地穿透镰刀字迹,
在一旁,在雪落处。[1]

——保罗·策兰

在给云格尔的《论痛苦》一文作注时,海德格尔写道:

---

1 译文引自《保罗·策兰诗选》,孟明译,华东师范大学出版社,2010年,第265页。

"一篇《论痛苦》的论文,与痛苦本身没有半点关系;不去探问它的本质(Wesen);从未正视问题的可质疑性,因为它根本不会受到'痛苦的神秘性'之影响,这是它对'痛苦的对象化'态度过于坚决的结果。"[64]云格尔理所当然地认为,人人都知道痛苦是什么。他最感兴趣的是我们与痛苦的关系:"痛苦是能打开人的内心最深处,同时也能打开世界的钥匙之一。当人们临近能够应对痛苦或者战胜痛苦之时,人们就能触碰到其力量源泉,以及其统治背后暗藏的秘密。告诉我你与痛苦的关系,我就会说出你是谁!"[65]对此,海德格尔还评论道:"告诉我你与存在的关系——如果你对此尚有一点了解的话——我就会告诉你,你将如何关注痛苦,你是否会去关注痛苦,或者你是否能去思考痛苦。"[66]

海德格尔对云格尔略带讽刺意味的应答具有其哲学内核,他想从"存在"层面探讨关于痛苦的问题。唯有存在才能使我们进入痛苦的本质和神秘。他甚至会说:存在即痛苦。这句话的意思并不是说,人类的生存是充满痛苦的。海德格尔眼中更多的是一种"痛苦之存在论"(Ontologie des Schmerzes)。他想要经由存在挺进痛苦的本质:"不可估量的苦难爬行或飞奔于大地上。苦难的洪流始终还在上涨。但痛苦的本质却遮蔽自己。……所到之处，无数和极度的苦难向我们涌通。然而我们是无痛苦的，没有被归于痛苦之本质。"[1][67]

海德格尔的思想以存在（Sein）与存在者（Seiendes）的存在论差异为出发点。存在者的敞开状态、可理解性，皆归功于存在。存在必须是展开的（erschlossen）。唯其如此，人们才有可能领会存在者。在我将注意力瞄准某对象之前，我早已现身在一个前反思意义上被展开的世界。海德格尔指出，情绪（Stimmung）拥有展开世界的力量。通过情绪而在前反思意义上被展开的世界——人们尚未意识到这个世界——是先于瞄准某一对象的意向性的："情绪一向已经把在世作为整体展开了，同时才刚使我们可能向着某某东西制定方向。"[2][68] 诸如情绪这类现象就已经表明，海德格尔思想针对的是"不可用之物"（das Unverfügbare）。我们并不能支配前反思意义上被展开的世界。我们是被抛入其中，被交托给它，被它所规定的。情绪能侵袭我们，而我们却不能霸

---

[1] 译文引自海德格尔：《不莱梅和弗莱堡演讲》，孙周兴、张灯译，商务印书馆，2018年，第70~71页。

[2] 译文引自海德格尔：《存在与时间》，陈嘉映、王庆节译，生活·读书·新知三联书店，2014年，第160页。

占情绪。

晚期海德格尔将存在神秘化为物的"本质渊源"(Quellgrund)[69],虽非物的创造者,却让物成其所是。即便是人类,也将其此在(Dasein)归功于它:"人始终是按照那种东西而被定调的,他的本质就是从这种东西而来被规定的。在这种规定中,人被一种声音所触动和召唤,这种声音的鸣响越是纯粹,它就越发无声无息地透过那有声息的东西而隐约响起。"[1] [70] 那无声无息的声音规定并调谐着人类的此在,它避开了任何形式的可用性。它从他处来,从全然他者那里来。对于那"自行隐匿的、在隐匿中踌躇的"[2] 神秘来说,思想是痛苦,是激情。[71]

海德格尔认为语言是一种赠礼。人类顺应着它(ihr entsprechen)才能说话(sprechen)。我们并不能支配语言。"存在"与"存在者"的存在论差异也规定了语言:"词语崩解处,存在出现。在这里,崩解意味着:宣露的词语返回到无声之中,返回到它由之获得允诺的地方中去,也就

---

[1] 译文引自海德格尔:《根据律》,张柯译,商务印书馆,2016年,第106页。

[2] 译文参照海德格尔:《在通向语言的途中》,孙周兴译,商务印书馆,2016年,第158页。

是返回到寂静之音中去……"[1] [72] 这一存在标记出语言之不可用的源头，作为进入宣露的词语之寂静，这一源头是无法被捕捉到的。唯有词语崩解时，人们才能听见这种寂静。只有诗才能让人觉知（vernehmen）那无声的寂静，那无声无息地穿透宣露的词语的、可歌的残骸。"可读之物"（das Lesbare）出自"不可读之物"（das Unlesbare），而诗将前者归还给后者。可读之物与可歌之物的接缝处，给人带来痛苦。海德格尔笔下的"女裁缝"（Näherin）[73] 照看着这份痛苦。痛苦是一道裂隙，寂静与不可用的"外在"通过它闯入思想之中。可歌的残骸即痛苦的韵脚。

痛苦是人类有限性之基调。海德格尔从死亡角度思考痛苦："痛苦是小型的死亡——死亡是大型的痛苦。"[74] 他的思想探究的是那片"痛苦、死亡与爱共属一体"的本质领域。[75] 恰恰是他者的不可用性，使作为爱欲而存在的爱始终鲜活。他者逃离我的掌控，而爱欲正是对他者的渴求。死亡并非简单的生命之终结（此生命被认为是生物学的过程），它更多地是一种特殊形式的存在。作为"存在之神秘"，它

---

[1] 译文参照海德格尔：《在通向语言的途中》，孙周兴译，商务印书馆，2016年，第213页。

延伸至生命中。它是"无之圣殿(der Schrein des Nichts);无从所有角度看都不是某种单纯的存在者,但它依然现身出场,甚至作为存在本身之神秘而现身出场"[1][76]。死亡意味着人类与不可用之物有关,与并非来自死亡的全然他者有关。

人们只有在那种"纯粹的、经受着遥远的切近"的痛苦中才能觉知存在。[77]痛苦使人类易于接受为其提供支撑与停留的不可用之物。疼痛承载着人类的此在。这便是它与快乐的区别。痛苦不是可以被消除的暂时状态,相反,它是人类此在的重力:"然而,欢乐越炽热,潜伏在欢乐中的哀伤便越纯粹。哀伤越深刻,哀伤深处的欢乐便越具有号召力。哀伤与欢乐交融着游戏。此种游戏本身就是痛苦;它让远趋近而让近趋远,从而使哀伤与欢乐交融着协调起来。因此,至高的欢乐与至深的哀伤都是痛苦的,各有自己的方式而已。但痛苦如此这般地触动终有一死者的灵魂,结果,灵魂从痛苦中获得了它的重量。尽管在他们的本质之宁静中有种种动荡,终有一死者却保持着这种重量。应和于痛苦的灵

---

1 译文参照海德格尔:《演讲与论文集》,孙周兴译,商务印书馆,2019年,第193页。

魂（muot），被痛苦所协调并且以痛苦为基调的灵魂，就是忧郁。"[1][78]

海德格尔思想的基本轮廓即"被遮蔽状态"（Verborgenheit），它本质上属于作为"无蔽状态"（Unverborgenheit）而存在的真理的一部分。"存在"即"澄明"，它被幽暗的森林包围。大地（Erde）本质上也是自行锁闭者："大地让任何对它的穿透在它本身那里破灭了。大地使任何纯粹计算式的胡搅蛮缠彻底幻灭了。虽然这种胡搅蛮缠以科学技术对自然的对象化的形态给自己蒙上统治和进步的假象，但是，这种支配始终是意欲的软弱无能。只有当大地作为本质上不可展开的东西被保持和保护之际——大地退遁于任何展开状态，亦即保持永远的锁闭——大地才敞开地澄亮了，才作为大地本身而显现出来。……大地本质上是自行锁闭者。"[2][79] 如果人们把大地当作一种可以展开的资源来对待，那么它就已经被破坏了，无论我们如何可持续地对待它；因为它是"本质上不可展开之物"。拯救大地的前提是要与之建立一

---

[1] 译文参照海德格尔：《在通向语言的途中》，孙周兴译，商务印书馆，2016年，第233页。

[2] 译文参照海德格尔：《林中路》，孙周兴译，商务印书馆，2015年，第36页。

种全然不同的关系，我们必须呵护它。要做到呵护，最重要的是去经验它的不可用性，让它保持他者性、陌生性。呵护是需要距离的。

如今，世界秩序（terrane Ordnung）或说大地秩序已然终结，取代它的是数字秩序。海德格尔是世界秩序下的最后一位思想家。死亡与痛苦不属于数字秩序，它们仅仅是故障（Störung）而已。同样可疑的还有哀伤和渴望。数字秩序不知何为"遥远的切近"之痛。"遥远"被纳入"切近"。数字秩序将"切近"踏平为无距离，以至于它不会带来痛苦。对可用性的强制追求，导致人们将一切都化为可达成的、可消费的事物。数字化的特征就是：一切都必须即时可用。数字秩序的终极目标是全然的可用化（totale Verfügbarmachung），它缺乏"面对不可为之物时犹豫不决的畏惧而导致的迟缓"[1][80]。

神秘本质上是为世界秩序而存在的。相反，数字秩序的标语却是透明（Transparenz），它排除所有的"被遮蔽状态"。此外，数字秩序还将语言物化为信息，使之变得透明，即变得

---

[1] 译文参照海德格尔：《荷尔德林诗的阐释》，孙周兴译，商务印书馆，2014年，第155页。

可用。信息没有隐匿的背面，当它们转变为数据时，世界就变得透明了。算法和人工智能将人类的行为也变得透明，即变得可计算、可操控。数字秩序的灵魂是数据主义（Dataismus）和数据极权主义（Datentotalitarismus），它用加法代替了叙事。digital 的意思是"用数字表示的"（numerisch）。用数字表示之物比用语言叙述之物更透明，更容易利用。

当今社会的不可用只是可用之物的暂时缺席而已。由可用之物构成的世界只能被消费。然而，世界却不仅仅是可用之物的总和。可用的世界失去了光晕，或说失去了香气，它不接纳任何逗留。不可用性也标记出他者之他者性，即"差异性"（Alterität），它保护他者免于沦为消费对象。没有"源初距离"（Urdistanz）[81]，他者便不是"你"。他被物化成了"它"。他并未在"他者性"中被呼请，而是被侵占了。

痛苦能开启另一种可见度，它是一种我们如今正在失去的感知器官。数字秩序是麻醉的，它废除了某些特定的时间及感知形式。海德格尔会说，数字秩序导致"存在的遗忘"（Seinsvergessenheit）。不耐烦，迫不及待地想得到，这些都导致了"漫长而迟缓之物"的消失。这"漫长而迟缓之物"并不是被剥夺了什么，因为它什么都不缺。它所表示的并非一个亟待加速的过程,相反,它拥有自己的时间性、真实性和香气。可用之物不会散发香气。"漫长而迟缓之物"在隐匿中踌躇,它是一位姗姗来迟者,是一抹晚霞。"晚"(das Späte)是它行走的姿态。相反,数字化之物的时间性是"立刻"。

如今,像耐心与等待这样的精神状态也日渐消磨。强制追求全然的可用化使人们失去了真实性,而耐心与等待则能使这种真实性再度变得触手可及。在漫长与迟缓中的耐心等待,表现出一种特别的意向性,一种向不可用之物靠拢的姿态。重要的不是等待什么(Warten-auf),而是在什么状态下等待(Warten-in),其特征在于一种恳切(In-Ständigkeit)[1],它依偎在不可用之物身边。弃绝是无意向之等待的基本特征。弃绝本身也在给予,它使我们易于接受不可用之物,它与消费相对立。海德格尔曾说,"悲伤地承受着不得已的弃绝,做出牺牲",亦是一种"接受"(Empfangen)。[82] 痛苦并非对缺少什么的主体性感受,而是一种接受,或说是"存在之接受"。痛苦即赠礼。

---

1 德语 inständig 意为"恳切的、迫切的",Inständigkeit 是它的名词形式。作者在此处将其拆分为 In-Ständigkeit(形容词 ständig 意为"永久的、持续的"),旨在用"在持久中"呼应前文的"耐心等待"。

痛苦之伦理学

Ethik des Schmerzes

云格尔对痛苦的反思始终受到规训理念的影响。他甚至将摄影、电影等现代媒体也归类为规训技术，该技术的目的就是要降低人类对痛苦的敏感度。现代媒体表面上服务于娱乐，而实际上却在规训视觉："在广播电视、电影等全媒体的娱乐属性背后，隐藏着特殊的规训形式。"[83] 云格尔认为，摄影发生在"敏感区之外"[84]，冰冷的目光是它的标志。镜头甚至能捕捉到发生爆炸时一个人被撕裂的瞬间，可以说，镜头是人类的眼睛受到规训的视觉之化身，而摄影就是"我们人类特有的、残酷的观看方式的一种表达"[85]。电影也同样表达了"超乎寻常的冷酷"。"豪华舒适的画面被灾难影像打断，这厢是衣香鬓影，地球的另一端却是灾厄肆虐，这种同步"使人麻木。[86] 观众的沉默"远比人们在南方的竞技场中看到的那种狂怒更抽象、更残忍,在那里,在与公牛的搏斗中,古代运动会之遗风依然存留至今"[87]。

对视觉的规训不属于我们这个时代的文化习俗。数字媒体并非规训媒体。我们如今并不是生活在一个规训社会,而是生活在一个消费社会,这里的一切都是可消费的。甚至我们与暴力图像的关系也带有色情意味。在电影和电子游戏中,我们完全沉迷于暴力之色情(Porno der Gewalt),它甚至将杀戮也变成一件没有痛苦的事情。这样的图像仿佛止痛药,使我们不再敏感于他人的痛苦。

大众媒体与互联网上充斥着描述痛苦和暴力的图像,这也迫使我们成为被动而漠然的冷眼旁观者。这样的图像太多了,以至于我们无法在认知层面对其进行处理,它们强行闯入感知。从这些图像中我们再也看不出美国作家、艺术评论家苏珊·桑塔格所坚持的道德命令:"这幅图像在说:让这一切结束吧,去干涉,去行动。"[88]大量描述暴力和痛苦的图像导致感知与行动完全脱钩,因为行动需要高度的注意力和关切,而我们的注意力如此分散,以至于无法产生关切。

人类在面对他人的苦难时,会获得窥视的快感,这是人类学上一种常见的假设。但这一假设不足以解释同情心的迅速下降。同情心的日渐丧失指明一个极深刻的事件：他者的消失。妥协社会消除了作为痛苦而存在的他者。他者被物化为对象，而作为对象的他者不会带来痛苦。

在大流行病期间，他人的苦难变得更加遥远，它消融在病例数之中。一些人孤独地死在重症监护室，丝毫没有得到人性化的关怀。"切近"意味着感染。"保持社交距离"加剧了同情心的丧失，它骤变为一种心灵上的距离。事到如今，他者被看作潜在的病毒携带者，人们必须与之保持距离。"保持社交距离"成为一种社会区分行为。

如今，我们是如此地被自我（Ego）主宰、裹挟，甚至为之迷醉。日益加剧的自我迷恋使人们在他者之中首先遇到的是自己。数字媒体也进一步推波助澜，使他者消失。它们将其变得可用，从而减少他的抵抗。我们越来越难以在他者性中感知他者。他者如果被剥夺了他者性，就只能任人消费了。

对他者的敏感性以"揭蔽"（Ausgesetztheit）为前提，"任自己行至苦难处"[89]。揭蔽即痛苦。[90]如果没有这种原始的痛苦，"我"（Ich）就会再次抬起头，抬起"为自己"（Für-sich），并将他者物化为对象。唯有揭蔽之痛能让他者避开"我"的掌控。作为一种伦理学的、形而上学的痛苦，揭蔽之痛排在"我"所感受到的一切痛苦之前。这是一种针对他者的痛苦,一种源初的、比"我"所有的被动都更为被动的揭蔽。揭蔽之痛甚至排在同情之前,让"我"不可能舒适地回归自身,不可能自我陶醉。

"能"(Können)是"我"作为功绩主体时的情态动词。消费、享受以及体验皆为"能"的近义词。"能"的绝对化摧毁了他者,因为他者具有不可用性,恰恰是在"不能能"(Nicht-Können-Können)之痛苦中才能敞开。当"爱"作为我们与他者的深刻关联时,它会"向我们袭来,并使我们受伤"[91]。然而,当"爱"只是消费时,它无伤无痛,进退自如。功绩主体之"能"原则上是不会受伤的,它有很强的复原力,而接受他者之前提却是会受伤,那隐隐作痛的伤口正是向他者源初的敞开。

埃利亚斯·卡内蒂(Elias Canetti)将面对他者时的无保护状态称为"灵魂赤裸"(Seelennacktheit),它使我变得会受伤。这种状态会引发面对他者时的不安,有了这种不安,人们就不可能对他者漠不关心了:"他想到自己可悲的人际交往和自己的内心生活,想到自己人到晚年却爱得愈加热烈,饱受爱的折磨,对自己的死亡一无所虑,却时刻关注着最心爱之人的死亡。他想到自己可能越来越不客观,永远无法对身边的人漠不关心,想到他鄙视一切不能呼吸、无法感受和没有见识。但他也想到,他不想见到其他人,每个新的人都让他发自内心地感到不安,无论是厌恶对方还是鄙视对方都无法保护自己免于这种不安,他全无防护地将自己交托给每一个人(尽管那个人无所察觉),他会因为对方的缘故不得安宁,睡不着觉,做不成梦,喘不过气……"[92]"灵魂赤裸"表现为围绕着他人的畏惧(Angst),就是这种畏惧教给了我我是谁:"只有在畏惧中,我才是真正的自己——为什么会如此?难道我是从小被教育成这样的吗?只有在畏惧中,我才能认出我自己。一旦克服了畏惧,它就会变为希望。然而,这种畏惧是围绕着他人的。我所爱过的人,是那些我为他们的生活感到畏惧之人。"[93]

如今的我们完全失去了"灵魂赤裸""揭蔽",以及"对于他者的痛苦"。我们的灵魂仿佛长满老茧,使我们在面对他者时漠不关心、无动于衷。数字化的气泡也越来越将他者屏蔽在外。围绕着他人的清晰的畏惧,完全让位于围绕着自己的散漫的畏惧。没有"对于他者的痛苦",我们就无法触及"他者的痛苦"。

最后之人
Der letzte Mensch

日裔美籍政治学者弗朗西斯·福山（Francis Fukuyama）所著《历史的终结》一书并非鉴于苏联共产主义的式微而一味神化自由民主，相反，书中充满了矛盾心理。该书最后一章题为"最后之人"，其中谈及，自由民主造就了尼采笔下的"末人"[1]所象征的妥协社会，它实施一种长效麻醉："偶尔吸一点点毒，可使人做舒服的梦。最后，吸大量的毒，可导致舒服的死亡。……他们白天有白天的小乐味，夜晚有夜晚的小乐味：可是他们注重健康。'我们已发现幸福。'——那些末等人说着，眨眨眼睛。"[2][94]

---

1 又译"末等人"，也常被直译为"最后之人"，在尼采哲学中与"超人"（Übermensch）相对立。
2 译文引自尼采：《查拉图斯特拉如是说》，钱春绮译，生活·读书·新知三联书店，2007年，第13~14页。

福山从人类学观点出发，认为优越激情（Megalothymia），即追求卓越、名望和荣誉的英勇举动，本质上是为人类而存在的，它也是历史的驱动力。然而在自由民主中日渐强势的平等激情（Isothymia），即对平等的追求，以及对舒适与安全的追求，削弱了优越激情。因此，自由民主推波助澜了最后之人的产生："只要自由民主将优越激情从生活中驱除并代之以理性消费，我们就会成为最后之人。"[95]

与福山的论点相反，最后之人的产生并不一定与自由民主有关，他其实是现代的一种天然现象。最后之人并非偏爱自由制度，他反而与极权主义政权完全契合。如今，各国都一样，住满了最后之人。英雄主义完全让位于享乐主义。正因为这一点，云格尔坚决批判现代性。在《论痛苦》中，他召唤最后之人时代的终结："人们广泛参与娱乐，享受财富，这也是繁荣的象征。……在这里，人们感受到一种如梦似幻的、无痛苦的、虚脱般的满足，像麻醉剂一样充斥在空气中。……每个人都享受到很多便利，从而降低了冲突的可能性。……另外，技术手段如童话般一日千里，其中蕴含的是一个纯粹的舒适属性——貌似一切技术手段都只是为了照明、加热、出行、娱乐，以及聚敛财富。关于最后之人的预言很快便应验了。预言很准，除了这一句话：最后之人活得最久。他的时代早已经过去了。"[96]

云格尔曾展望2000年，并写道："如尼采所预言，最后之人早已成为历史，尽管我们还没有到达2000年，但有一点似乎已经可以肯定，那时的光景肯定与美国作家贝拉米（Bellamy）笔下的乌托邦完全不同。"[97] 云格尔所说的"乌托邦"指的是贝拉米的小说《回顾》（又称《2000年的生活》）[1]中那个没有痛苦的社会。云格尔大概失算了，因为21世纪最为当时得令的正是最后之人。云格尔所呼唤的两次世界大战之间的英雄年代只是短暂的插曲。21世纪的妥协社会拒绝一切英雄主义行为。

福山的预测也被证明是错误的，历史并没有以自由主义的胜利而终结。如今最受追捧的恰恰是右翼民粹主义和专制主义。以生存为第一要务的妥协社会并非一定要依赖自由民主。面对大流行病，我们正走向一种生命政治的监视政权。西方的自由主义在病毒面前显然已经折戟沉沙。人们将意识到，在抗击大流行病的过程中，我们必须聚焦个体。然而，

---

1 中译本名为《回顾：公元2000—1887年》，林天斗、张自谋译，商务印书馆，1997年。

对个体的生命政治监视却不符合自由主义的基本定律。面对卫生要求，生存社会也不得不放弃自由原则了。

越来越极权化的数字监视政权早已销蚀了自由主义理念。人被降格为可以赢利的数据记录。如今的资本主义发展为监视资本主义[98]，监视产生资本。数字化平台长期监视并操纵着我们。我们的思想、感觉和意图被看光、读透，被剥削殆尽。物联网将监视延伸到真实生活之中，可穿戴设备更是将我们的身体也交于商业之手，我们成了被算法之线操控的木偶。作为精神政治的工具，大数据将人类的行为变得可预测、可操控。数字化的精神政治把我们推向一场自由危机。[99]

当年人口普查时，人们尚且对数据收集做出强烈抗议，怀疑其背后隐藏着一个威胁公民自由的监视国家。人们被问及诸如学历、职业、宗教信仰等如今看来相对无害的信息。尽管如此，当时就连中小学生也走上街头参加抗议。如今，我们甚至连私密的个人信息也拱手奉上。我们如此袒露自己，并非出于强制，而是出于内心的需求。我们允许自己被剥削殆尽。统治与自由携手并立于我们面前之际，即是它大功告成之时。此处我们所说的，就是自由的辩证法。人们觉得无界限的交际是一种表达自由，而它却骤变为一种全监视

（Totalüberwachung）。

如此强势的数字监视已然发生，且一路畅行无阻，试问它又怎么会在病毒面前止步呢？迄今为止，一种心理障碍阻止了数字化监视从生命政治层面扩大到个体层面，而大流行病却会导致这种障碍的消失。按照加拿大作家娜奥米·克莱恩（Naomi Klein）的说法，大流行病的冲击为建立新型统治制度提供了有利的时间窗口，它终将导致可以施行于人之身体的、生命政治的监视政权在全球范围内取得胜利。唯有数字化的生命政治才能让资本主义在大流行病面前不受伤害，它关闭了系统的缺口。然而，生命政治的监视政权却意味着自由主义的终结。自由主义终成一段插曲。

最后之人并非自由民主的捍卫者，对他来说，舒适比自由更重要。数字化的精神政治虽然破坏了自由主义理念，但却并不妨碍最后之人的舒适。他的健康癔症导致他长期监视自身。他在自己身上建立了一个内在的独裁统治，一个监视政权。当这个内在的独裁统治遭遇生命政治的监视政权，人们便不会感觉到被压迫，因为它以健康的名义向人们走来。如此一来，最后之人虽身受生命政治统治，内心却感到自由。统治与自由再度合而为一。

尼采早就预见到敌视痛苦的妥协社会："'将你裹在毫无痛苦的金色云彩中的那个时刻终有一天会到来：这时候灵魂享受它自己的困倦，在同它自己的耐心进行的耐心游戏中就像湖中的波浪，这波浪在一个宁静的夏日，反映出傍晚色彩斑斓的天空，在岸边发出吧嗒吧嗒的声响，重又沉寂下来——没有尽头、没有目的、没有满足、没有需求——一片喜悦于变化的宁静，一片伴随大自然脉搏跳动的潮涨潮落。'这就是所有病人的感觉和言论，但是如果他们实现了那样的时刻，那么在短暂的享受之后到来的则是无聊。"[1][100] 福山认为，人类有可能出于无法忍受的无聊而再次推动历史，最后之人的社会也许会让位于动物性的第一人之社会，一个充满优越激情的社会。[101] 然而，这样的退化是不会发生的。等待我们的是一种全然不同的未来，是后人类主义时代。在这个时代，最后之人也必将和他的无聊一起被攻克。

在《快乐主义的命令》（*The Hedonistic Imperative*）中，超人类主义者大卫·皮尔斯（David Pearce）预告了一个没有痛苦的未来："未来千年，痛苦之生物学基础将被完全消除。

---

[1] 译文引自尼采：《人性的，太人性的：一本献给自由精灵的书》，见《尼采全集》第2卷，杨恒达译，中国人民大学出版社，2011年，第348~349页。

从进化史角度来讲，身体的和精神的痛苦都注定会消失。"[102] 同样会被战胜的还有爱情的痛苦，即"传统爱情模式那种足以摧毁灵魂的残酷"[103]。超人类主义的目标是一种"崇高的、无所不在的幸福"。超人类主义也超越了最后之人，因为这最后之人——皮尔斯一定会说——还是"太人性"了。无聊对他折磨已甚。超人类主义者认为，即便是无聊也可以通过生物技术手段来克服："虽然目前人们还无法想象，但过不了几代，无聊的经验在神经生理学上就不可能存在了。尼采曾说：'在对抗无聊方面连神灵自身都徒劳无功。'当然，他那时对生物技术的可能性还一无所知。"[104]

毫无痛苦、永久幸福的生命将不再是人类的生命。追踪并消除自身否定性的生命，自身也将不复存在。死亡与痛苦难分彼此，在痛苦中人们可以预见死亡。想克服一切痛苦的人，也必将抹除死亡。然而，没有死亡和痛苦的生命便不是人类的生命，而是僵尸的生命。人类为了生存而将自己消灭。他或许能获得永生，可代价却是自己的生命。

注　释

[1] 恩斯特·云格尔（Ernst Jünger）:《论痛苦》("Über den Schmerz")，见《云格尔著作集》第7卷《杂文I》，慕尼黑，1980年，第143~191页。此处：第145页。

[2] 参阅尚塔尔·墨菲（Chantal Mouffe）:《争胜：从政治角度思考世界》(*Agonistik. Die Welt politisch denken*)，柏林，2014年。

[3] 参阅芭芭拉·埃伦赖希（Barbara Ehrenreich）:《微笑或死亡：积极观念如何愚化世界》(*Smile or Die. Wie die Ideologie des positiven Denkens die Welt verdummt*)，慕尼黑，2010年。

[4] 参阅伊娃·依鲁兹、埃德加·卡巴纳斯（Eva Illouz u. Edgar Cabanas）:《幸福强制：它如何掌控我们的生活》(*Das Glücksdiktat. Und wie es unser Leben beherrscht*)，柏林，2019年。

[5] 大卫·莫里斯（David B. Morris）:《疼痛的历史》(*Geschichte*

des Schmerzes），法兰克福，1996 年，第 103 页。

[6] 马库斯·韦勒尔（Marcus Woeller）:《讨喜有回报》（"Gefälligkeiten machen sich bezahlt"），载《德国世界报》（*WELT*），2019 年 5 月 18 日。

[7] 参阅韩炳哲:《美的救赎》（*Errettung des Schönen*），法兰克福，2015 年。

[8] 阿斯特丽德·马尼亚（Astrid Mania）:《一切皆变得流行》（"Alles wird Pop"），载《南德意志报》（*Süddeutsche Zeitung*），2020 年 2 月 8/9 日。

[9] 阿多诺:《美学理论》（*Ästhetische Theorie*），见蒂德曼（R. Tiedemann）编《阿多诺文集》，第 7 卷，法兰克福，1970 年，第 274 页。

[10] 阿多诺:《文学笔记》（*Noten zur Literatur*），见蒂德曼编《阿多诺文集》，第 2 卷，法兰克福，1974 年，第 114 页。

[11] 海德格尔:《巴门尼德》（*Parmenides*），见《海德格尔全集》，第 54 卷，法兰克福，1982 年，第 249 页。

[12] 阿多诺:《美学理论》，第 490 页。

[13] 福柯:《监视与惩罚:监狱的诞生》（*Überwachen und Strafen. Die Geburt des Gefängnisses*），法兰克福，1977 年，第 15 页。

[14] 云格尔:《论痛苦》，第 164、165 页。

[15] 同上书，第 159 页。

[16] 同上书，第 165 页。

[17] 阿尔多·巴拉柴斯基（Aldo Palazzeschi）:《对抗痛苦》（"Der Gegenschmerz"），见克丽斯塔·鲍姆加特（Christa Baumgarth）编《未来主义的历史》（*Geschichte des Futuris-*

mus），赖恩贝克，1996年，第255~260页。此处：第257页。

[18] 云格尔：《论痛苦》，第158页。

[19] 同上书，第159页。

[20] 埃伦赖希：《微笑或死亡》，第206页。

[21] 阿多诺：《否定的辩证法》（*Negative Dialektik*），法兰克福，1966年，第29页。

[22] 尼采：《快乐的科学》（*Fröhliche Wissenschaft*），见柯利、蒙蒂纳里（G. Colli u. M. Montinari）编《尼采全集》（考订研究版，共15卷），第3卷，慕尼黑，1999年，第567页。

[23] 尼采：《尼采遗稿，1880—1882》（*Nachgelassene Fragmente 1880—1882*），见柯利、蒙蒂纳里编《尼采全集》（考订研究版，共15卷），第9卷，慕尼黑，1999年，第641页。

[24] 参阅阿甘本：《神圣人：至高权力与赤裸生命》（*Homo sacer. Die souveräne Macht und das nackte Leben*），法兰克福，2002年。

[25] 参阅韩炳哲：《资本主义与死亡驱力》（*Kapitalismus und Todestrieb. Essays und Interviews*），柏林，2019年。

[26] 伊凡·伊里奇（Ivan Illich）：《医学报应：对生命医学化的批判》（*Die Nemesis der Medizin. Die Kritik der Medikatlisierung des Lebens*），慕尼黑，2007年，第104页。

[27] 让·斯塔罗宾斯基（Jean Starobinski）：《体感简史》（*Kleine Geschichte des Körpergefühls*），法兰克福，1991年，第118页。

[28] 赫尔·穆特莱森（Helmut Lethen）：《"疼痛无意义"（保尔·瓦雷里）抑或：是否存在使文化学失语的事件》

("'Schmerz hat keinerlei Bedeutung'（Paul Valéry）Oder: Gibt es Ereignisse, die den Kulturwissenschaften den Atem verschlagen?")，见福雷尔、林克（Th. Forrer u. A. Linke）编《文化何在——文化分析的前景》（*Wo ist Kultur? Perspektiven der KUlturanalyse*），苏黎世，2014年，第37~56页。此处：第42页。

[29] 保尔·瓦雷里（Paul Valéry）:《泰斯特先生》（*Monsieur Teste*），里希纳（M. Rychner）译，莱比锡/魏玛,1980年，第29页。

[30] 圣女特蕾莎（Theresia von Jesu）:《圣女特蕾莎的生活》（*Das Leben der heiligen Theresia von Jesu*），见《圣女特蕾莎全集》，第1卷，慕尼黑，1931年，第281页。

[31] 斯塔罗宾斯基:《体感简史》，第136页。

[32] 瓦尔特·本雅明:《思想肖像》("Denkenbilder")，见蒂德曼、施韦彭霍伊泽（R. Tiedemann u. H. Schweppenhäuser）编《本雅明文集》，第4卷，法兰克福,1971年，第305~438页。此处：第430页。

[33] 《本雅明文集》，第6卷，第83页。

[34] 斯塔罗宾斯基:《体感简史》，第137、138页。

[35] 参阅奥多·马夸德（Odo Marquard）:《怀疑与赞同：哲学研究》（*Skepsis und Zustimmung. Philosophische Studien*），斯图加特，1994年，第99~109页。

[36] 云格尔:《论痛苦》，第152页。

[37] 同上书，第158页。

[38] 安德鲁·H.诺尔（Andrew H. Knoll）:《一个年轻星球上的生命》（*Life on a Young Planet*），普林斯顿,2003年，第41页。

[39] 云格尔:《论痛苦》,第 158 页。
[40] 同上书,第 156 页。
[41] 维克托·冯·魏茨泽克(Viktor von Weizsäcker):《痛苦》("Die Schmerzen"),见《冯·魏茨泽克文集》第 5 卷《医生与病患:医学人类学文集》(*Der Arzt und der Kranke. Stücke einer medizinischen Anthropologie*),法兰克福,1987 年,第 27~47 页。此处:第 27 页。
[42] 同上书,第 35 页。
[43] 同上。
[44] 同上。
[45] 阿兰·巴迪欧:《爱的多重奏》(*Lob der Liebe*),维也纳,2011 年,第 15 页。
[46] 冯·魏茨泽克:《痛苦》,第 34 页。
[47] 伊里奇:《医学报应》,第 109 页。
[48] 马克斯·布洛德(Max Brod)、卡夫卡:《一段友谊:书信往来》(*Eine Freundschaft. Briefwechsel*),见麦考尔姆·帕斯莱(Malcolm Pasley)编《卡夫卡著作集》,第 2 卷,法兰克福,1989 年,第 377、378 页。
[49] 茨威格:《战胜死亡的绅士:马塞尔·普鲁斯特的悲惨生涯》("Der Snob, der den Tod besiegte. Marcel Prousts tragischer Lebenslauf"),载《德国时代周报》(*ZEIT*),1954 年 1 月 21 日。
[50] 海因里希·克赖斯勒·冯·黑尔伯恩(Heinrich Kreissle von Hellborn):《弗朗茨·舒伯特》(*Franz Schubert*),维也纳,1865 年,第 334 页。

[51] 尼采:《快乐的科学》,第105页。
[52] 尼采:《悲剧从音乐精神中诞生》(*Die Geburt der Tragödie aus dem Geist der Musik*),见柯利、蒙蒂纳里编《尼采全集》(考订研究版,共15卷),第1卷,慕尼黑,1999年,第57页。
[53] 尼采:《偶像的黄昏》(*Götzen-Dämmerung*),见柯利、蒙蒂纳里编《尼采全集》(考订研究版,共15卷),第6卷,慕尼黑,1999年,第160页。
[54] 《德国时代周报》,2012年7月12日。
[55] 黑格尔:《哲学全书:精神哲学》,见莫尔登豪尔、米歇尔(E. Moldenhauer u. K. M. Michel)编《黑格尔著作集》(共20卷),第10卷,法兰克福,1970年,第27页。
[56] 同上书,第26页。
[57] 黑格尔:《精神现象学》(*Phänomenologie des Geistes*),汉堡,1952年,第30页。
[58] 同上。
[59] 尼采:《快乐的科学》,第349页。
[60] 同上书,第350页。
[61] 尼采:《尼采反瓦格纳》(*Nietzsche contra Wagner*),见柯利、蒙蒂纳里编《尼采全集》(考订研究版,共15卷),第6卷,慕尼黑,1999年,第436页。
[62] 尼采:《尼采遗稿,1887—1889》(*Nachgelassene Fragmente 1887—1889*),见柯利、蒙蒂纳里编《尼采全集》(考订研究版,共15卷),第13卷,慕尼黑,1999年,第630页。
[63] 尼采:《尼采遗稿,1885—1887》(*Nachgelassene Fragmente 1885—1887*),见柯利、蒙蒂纳里编《尼采全集》(考订研究

版，共 15 卷），第 12 卷，慕尼黑，1999 年，第 113 页。

[64] 海德格尔:《谈恩斯特·云格尔》(*Zu Ernst Jünger*)，见《海德格尔全集》，第 90 卷，法兰克福，2004 年，第 436 页。

[65] 云格尔:《论痛苦》，第 145 页。

[66] 海德格尔:《谈恩斯特·云格尔》，第 439 页。

[67] 海德格尔:《不莱梅和弗莱堡演讲》(*Bremer und Freiburger Vorträge*)，见《海德格尔全集》，第 79 卷，法兰克福，1994 年，第 57 页。

[68] 海德格尔:《存在与时间》(*Sein und Zeit*)，图宾根，1979 年，第 137 页。

[69] 海德格尔:《演讲与论文集》(*Vorträge und Aufsätze*)，普富林根，1954 年，第 137 页。

[70] 海德格尔:《根据律》(*Der Satz vom Grund*)，普富林根，1978 年，第 91 页。

[71] 海德格尔:《在通向语言的途中》(*Unterwegs zur Sprache*)，普富林根，1959 年，第 169 页。

[72] 同上书，第 216 页。

[73] 海德格尔:《泰然任之》(*Gelassenheit*)，普富林根，1985 年，第 71 页。

[74] 海德格尔:《面向思的事情》(*Zum Ereignis-Denken*)，见《海德格尔全集》，第 70 卷，法兰克福，2013 年，第 735 页。

[75] 海德格尔:《林中路》(*Holzwege*)，法兰克福，1950 年，第 254 页。

[76] 海德格尔:《演讲与论文集》，第 177 页。

[77] 海德格尔:《荷尔德林诗的阐释》(*Erläuterungen zu Hölder-*

lins Dichtung》），见《海德格尔全集》，第3卷，法兰克福，1981年，第146页。

[78] 海德格尔：《在通向语言的途中》，第235页。

[79] 海德格尔：《林中路》，第36页。

[80] 海德格尔：《荷尔德林的颂歌〈追忆〉》（Hölderlins Hymne "Andenken"），见《海德格尔全集》，第52卷，法兰克福，1982年，第128页。

[81] 参阅马丁·布伯（Martin Buber）：《源初距离与关系》（Urdistanz und Beziehung），海德堡，1978年。

[82] 海德格尔：《从思想的经验中来，1910—1976》（Aus der Erfahrung des Denkens 1910—1976），见《海德格尔全集》，第13卷，法兰克福，1983年，第94页。

[83] 云格尔：《论痛苦》，第185页。

[84] 同上书，第182页。

[85] 同上书，第183页。

[86] 同上书，第184页。

[87] 同上。

[88] 参阅苏珊·桑塔格（Susan Sontag）：《旁观他人的生活》（Das Leben anderer betrachten），慕尼黑，2003年，勒口文字。

[89] 伊曼努尔·列维纳斯（Emmanuel Lévinas）：《存在之外或异于存在》（Jenseits des Seins oder anders als Sein geschieht），弗莱堡/慕尼黑，1992年，第51页。（法文原版名为 Autrement qu'être ou Au-delà de l'essence，中文版译名为《另外于是，或，在超过是其所是之处》，伍晓明译，北京大学出版社，2019年。——译者注）

[90] 同上书，第132页。

[91] 伊曼努尔·列维纳斯:《时间与他者》(*Die Zeit und der Andere*)，汉堡，1984年，第56页。

[92] 埃利亚斯·卡内蒂（Elias Canetti）:《钟的秘密心脏：1973—1985札记》(*Das Geheimherz der Uhr. Aufzeichnungen 1973—1985*)，慕尼黑，1987年，第191页。

[93] 同上书，第44页。

[94] 尼采:《查拉图斯特拉如是说：一本写给所有人又不为任何人所写的书》(*Also sprach Sarathustra. Ein Buch für Alle und Keinen*)，见柯利、蒙蒂纳里编《尼采全集》（考订研究版，共15卷），第4卷，慕尼黑，1999年，第20页。

[95] 弗朗西斯·福山（Francis Fukuyama）:《历史的终结：我们身在何处》(*Das Ende der Geschichte. Wo stehen wir?*)，慕尼黑，1992年，第416页。

[96] 云格尔:《论痛苦》，第155页。

[97] 同上书，第152页。

[98] 参阅肖珊娜·祖博夫（Shoshana Zuboff）:《监视资本主义时代》(*Das Zeitalter des Überwachungskapitalismus*)，法兰克福，2018年。

[99] 参阅韩炳哲:《精神政治学：新自由主义与新权力技术》(*Psychopolitik. Neoliberalismus und die neuen Machttechniken*)，法兰克福，2014年。

[100] 尼采:《人性的，太人性的》(*Menschliches, Allzumenschliches*)，见柯利、蒙蒂纳里编《尼采全集》（考订研究版，共15卷），第2卷，慕尼黑，1999年，第520页。

[101] 福山:《历史的终结》,第 441 页。
[102] 大卫·皮尔斯(David Pearce):《快乐主义的命令》(*The Hedonistic Imperative*),1995 年,第 0 章第 1 节。
[103] 同上书,第 1 章第 8 节。
[104] 同上书,第 4 章。

附录　韩炳哲著作年谱

Heideggers Herz. Zum Begriff der Stimmung bei Martin Heidegger.
Wilhelm Fink, Paderborn 1996.
《海德格尔之心：论马丁·海德格尔的情绪概念》

Todesarten. Philosophische Untersuchungen zum Tod.
Wilhelm Fink, Paderborn 1998.
《死亡模式：对死亡的哲学研究》

Martin Heidegger. Eine Einführung.
UTB, Stuttgart 1999.
《马丁·海德格尔导论》

Tod und Alterität.
Wilhelm Fink, Paderborn 2002.
《死亡与变化》

Philosophie des Zen-Buddhismus.
Reclam, Stuttgart 2002.
《禅宗哲学》(陈曦译，中信出版社，2023 年)

Hyperkulturalität. Kultur und Globalisierung.
Merve, Berlin 2005.
《超文化：文化与全球化》(关玉红译，中信出版社，2023 年)

Was ist Macht?
Reclam, Stuttgart 2005.
《什么是权力？》(王一力译，中信出版社，2023 年)

Hegel und die Macht. Ein Versuch über die Freundlichkeit.
Wilhelm Fink, Paderborn 2005.
《黑格尔与权力：通过友善的尝试》

Gute Unterhaltung. Eine Dekonstruktion der abendländischen Passionsgeschichte.
Vorwerk 8, Berlin 2006; Matthes & Seitz, Berlin 2017.
《娱乐何为：西方受难史之解构》(关玉红译，中信出版社，2019 年)

Abwesen. Zur Kultur und Philosophie des Fernen Ostens.
Merve, Berlin 2007.
《不在场：东亚文化与哲学》(吴琼译，中信出版社，2023 年)

Duft der Zeit. Ein philosophischer Essay zur Kunst des Verweilens.
Transcript, Bielefeld 2009; 2015.
《时间的香气：驻留的艺术》(吴琼译，中信出版社，2024 年，即将出版)

Müdigkeitsgesellschaft.
Matthes & Seitz, Berlin 2010; 2016.
《倦怠社会》(王一力译,中信出版社,2019年)

Shanzhai. Dekonstruktion auf Chinesisch.
Merve, Berlin 2011.
《山寨:中国式解构》(程巍译,中信出版社,2023年)

Topologie der Gewalt.
Matthes & Seitz, Berlin 2011.
《暴力拓扑学》(安尼、马琰译,中信出版社,2019年)

Transparenzgesellschaft.
Matthes & Seitz, Berlin 2012.
《透明社会》(吴琼译,中信出版社,2019年)

Agonie des Eros.
Matthes & Seitz, Berlin 2012.
《爱欲之死》(宋娀译,中信出版社,2019年)

Bitte Augen schließen. Auf der Suche nach einer anderen Zeit.
Matthes & Seitz, Berlin 2013.
《请闭上眼睛:寻找另一个时代》

Im Schwarm. Ansichten des Digitalen.
Matthes & Seitz, Berlin 2013.
《在群中:数字景观》(程巍译,中信出版社,2019年)

igitale Rationalität und das Ende des kommunikativen Handelns.
Matthes & Seitz, Berlin 2013.
《数字理性和交往行为的终结》

Psychopolitik: Neoliberalismus und die neuen Machttechniken.
S. Fischer, Frankfurt 2014.
《精神政治学：新自由主义与新权力技术》（关玉红译，中信出版社，2019年）

Die Errettung des Schönen.
S. Fischer, Frankfurt 2015.
《美的救赎》（关玉红译，中信出版社，2019年）

Die Austreibung des Anderen: Gesellschaft, Wahrnehmung und Kommunikation heute.
S. Fischer, Berlin 2016.
《他者的消失：现代社会、感知与交际》（吴琼译，中信出版社，2019年）

Close-Up in Unschärfe. Bericht über einige Glückserfahrungen.
Merve, Berlin 2016.
《模糊中的特写：幸福经验报告》

Lob der Erde. Eine Reise in den Garten.
Ullstein, Berlin 2018.
《大地颂歌：花园之旅》（关玉红译，孙英宝插图，中信出版社，2024年，即将出版）

Vom Verschwinden der Rituale. Eine Topologie der Gegenwart.
Ullstein, Berlin 2019.
《仪式的消失：当下的世界》（安尼译，中信出版社，2023年）

Kapitalismus und Todestrieb. Essays und Gespräche.
Matthes & Seitz, Berlin 2019.
《资本主义与死亡驱力》（李明瑶译，中信出版社，2023年）

Palliativgesellschaft. Schmerz heute.
Matthes & Seitz, Berlin 2020.
《妥协社会：今日之痛》（吴琼译，中信出版社，2023年）

Undinge: Umbrüche der Lebenswelt.
Ullstein, Berlin 2021.
《非物：生活世界的变革》（谢晓川译，东方出版中心，2023年）

Infokratie. Digitalisierung und die Krise der Demokratie.
Matthes & Seitz, Berlin 2021.
《信息统治：数字化与民主危机》

Vita contemplativa: oder von der Untätigkeit.
Ullstein, Berlin 2022.
《沉思的生活，或无所事事》（陈曦译，中信出版社，2023年）

Die Krise der Narration.
Matthes & Seitz, Berlin 2023.
《叙事的危机》（李明瑶译，中信出版社，2024年，即将出版）